JIYU SHENDU XUEXI DE
XIAOXUE SHUXUE JIAOXUE YANJIU

基于深度学习的
小学数学教学研究

□ 韩小雷 著

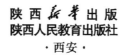

陕西 新华 出版
陕西人民教育出版社
·西安·

图书在版编目（CIP）数据

基于深度学习的小学数学教学研究 / 韩小雷著 .
西安 : 陕西人民教育出版社 , 2024. 9. -- ISBN 978-7
-5757-0249-2

Ⅰ . G623.502

中国国家版本馆 CIP 数据核字第 20243NW619 号

基于深度学习的小学数学教学研究

JIYU SHENDU XUEXI DE XIAOXUE SHUXUE JIAOXUE YANJIU

出版发行 : 陕西人民教育出版社

地　　址 : 西安市丈八五路 58 号

邮　　编 : 710077

经　　销 : 各地新华书店

印　　刷 : 天津旭丰源印刷有限公司

开　　本 : 710 毫米 × 1000 毫米　1/16

印　　张 : 12.75

字　　数 : 200 千字

版　　次 : 2024 年 9 月第 1 版

印　　次 : 2024 年 9 月第 1 次印刷

书　　号 : ISBN 978-7-5757-0249-2

定　　价 : 76.00 元

前　言

　　不管时代如何发展、社会如何变迁，教育一直扮演着关键的角色。教育是推动社会进步和个人成长的重要力量。在当今信息化和数字化的时代，教育领域正在经历着深刻的变革和转型。教育的本质是引导学生获取知识、培养能力、塑造品格，而教学方法、理念的更新和创新是不可或缺的。在这种背景下，深度学习作为一种新兴的教学理念，正在逐渐受到人们的重视。

　　本文旨在探讨深度学习背景下的小学数学教学，通过对现有教学现状与问题的分析，对深度学习的内涵和特征，以及基于深度学习的教学设计、教学策略的设计等进行深入研究，为小学数学的教学提供新的思路、新的方法，促进学生数学思维的全面发展，从而提高教学质量。

　　本文详细阐述了小学数学深度学习的内涵和特性，从理论和实践两个方面解读深度学习在小学数学教学中的具体表现。本文探讨了深度学习背景下教学目标与教学内容的确立、教学策略的选择和信息化技术的应用。它为教师提供了具体的操作指南。本文还探讨小学数学深度学习的表现性评价，明确了评价目标、评价方式和评价体系，为教学质量的评估提供参考依据。

　　本文介绍了深度学习背景下教师角色的转变与专业发展，探讨教师专

1

业发展的策略与支持体系，以及教师培训与培养的实施和评价，为教师的专业化成长提供支持。明确提出深度学习背景下应加强教学资源的开发与应用的建议。本文提供了小学数学深度学习的教学案例。教学案例能方便读者更好地理解和应用深度学习的研究成果。

在教育教学领域，深度学习不仅是一种新的教学理念，还是一种推动教育变革和提升教学质量的重要手段。希望本书的研究，能够为小学数学教学提供更多的思路和方法，促进教育的不断进步和发展。

编者

2024 年 2 月

目 录
CONTENTS

第一章　导论 /001

第一节　研究背景与研究动机 / 001

第二节　研究目的和研究问题 / 004

第三节　研究方法和数据来源 / 006

第四节　研究结构和研究框架 / 008

第二章　小学数学教学存在的问题与核心素养的培养 / 012

第一节　我国小学数学教育的发展历程 / 012

第二节　当前小学数学教学中存在的问题 / 020

第三节　小学数学核心素养的培养 / 025

第三章　基于深度学习的小学数学内涵和特性 / 032

第一节　小学数学深度学习的内涵 / 032

第二节　小学数学深度学习的特性 / 038

第四章　基于深度学习的小学数学教学设计 / 048

第一节　小学数学深度学习的教学设计 / 048

第二节　小学数学深度学习教学设计的方法 / 060

第五章　基于深度学习的小学数学教学策略的设计 / 071

第一节　小学数学深度学习的教学目标和教学内容 / 071

第二节　小学数学深度学习的教学策略 / 077

第三节　小学数学深度学习信息化技术的应用 / 081

第六章　基于深度学习的小学数学表现性评价 / 093

第一节　小学数学深度学习的评价目标 / 093

第二节　小学数学深度学习的评价方式 / 098

第三节　小学数学深度学习的评价体系 / 105

第七章　深度学习背景下教师角色的转变与专业发展 / 119

第一节　深度学习背景下的教师角色 / 119

第二节　深度学习背景下教师专业发展的策略与支持体系 / 124

第三节　深度学习背景下教师培训与培养的实施与评价 / 132

第八章　基于深度学习的教学资源的开发与应用 / 145

　　第一节　深度学习背景下的智能化教学工具与系统的开发和应用 / 145

　　第二节　深度学习背景下的效果评估与优化改进 / 153

第九章　基于深度学习的小学数学教学设计案例 / 161

　　第一节　"图形的平移"的教学设计 / 161

　　第二节　"体积和体积单位"的教学设计 / 169

　　第三节　"分数的初步认识"的教学设计 / 177

参考文献 / 187

附　录 / 189

　　附录一　关于课堂教学现状的调查问卷 / 189

　　附录二　学生学习的观察记录表 / 193

　　附录三　学生口头表达的评价表 / 194

　　附录四　学员满意度的调查问卷 / 195

第一章　导论

第一节　研究背景与研究动机

一、研究背景

（一）深度学习契合了信息化时代教育的发展要求

1. 信息技术的高速发展

随着现代社会信息技术的高度发展，人们获取信息的方式和渠道发生了重大的变化。互联网的普及和移动设备的智能化使得人们可以随时随地获取海量信息，信息爆炸的时代给教育带来了挑战和机遇。

2. 教育教学的发展需求

在信息化时代，知识更新的速度极快，传统的教学模式已经不能满足学生的学习需求。学生需要具备批判性思维、解决问题的能力、创新能力等高阶的思维与能力，以适应社会的发展需求。因此，教育教学需要从传授知识向能力培养转型，引入更加先进的教学理念和方法。

3. 深度学习是应对之策

深度学习作为一种新兴的教学理念，强调学生在理解知识的基础上进行知识迁移和创新，解决真实情境中的复杂问题。这与传统的机械记忆式教学有着明显的区别，更加符合信息化时代教育的发展要求。

4. 国际教育改革的趋势

国际上，越来越多的教育实践证明了基于问题、挑战、项目和主题的学习方式是培养学生深层学习能力的有效策略。国外的各种教育机构纷纷响应这一趋势，推动教育教学向深度学习方向发展。

5. 我国教育改革的探索

我国教育部将深度学习作为发展学生核心素养的有效途径，并在全国多个实验区开展了"深度学习"教学项目的研究，探索利用深度学习促进学生核心素养发展的教学规律。这一举措为我国教育改革提供了重要的借鉴和启示。

（二）小学数学教学面临的现实困境

1. 教育减负政策的实际效果

近年来，教育部提倡教育减负，但实际上并没有显著改善学生课业负担重的状况。课堂教学仍然以传统的灌输式教学为主，学生的学习状态不佳，学习成效有待提高。

2. 教学改革的不足

尽管新课改运动提倡"自主、合作、探究"的教育理念，但在具体实施中存在诸多问题。教师往往只是在形式上改变教学方式，而教学质量并没有得到实质性的提高。

3. 小学数学教学的现状

调查发现，许多小学数学教师在面对深度学习理念时存在理解误区，将其误解为高难度课程或使用多媒体技术。这种误解导致了深度学习理念在小学数学教学中的应用不足，教学质量有待进一步提高。

4. 小学数学教学的挑战

小学数学教学面临诸多挑战，如教师教学理念的转变、教学内容的优化设计、教学方法的改进等。要想有效应对这些挑战，深入探索小学数学深度学习的具体操作方式至关重要。

二、研究动机

（一）深度学习理念的探究和应用

1. 学术探索的需求

深度学习是一种新兴的教学理念，对教育十分重要。然而，目前对于深度学习在小学数学教学中的具体运用还存在许多未知和有待解决的问题。因此，有必要进行深入的学术研究，探索深度学习在小学数学教学中的具体操作方式和应用效果。

2. 理论与实践的结合

深度学习的理论研究需要与实际教学实践相结合，才能更好地指导教师的教学行为和学生的学习过程。通过研究深度学习在小学数学教学中的应用，可以为教学实践提供理论支持和指导，促进教学质量的提高。

3. 教学改革的推动力量

小学数学教学面临诸多挑战和困境，需要通过教学改革来提高教学效果和激发学生的学习兴趣。深度学习作为一种新的教学理念，有潜力成为推动教学改革的重要力量。因此，深度学习在小学数学教学中的应用，对促进教学改革具有重要的意义。

（二）小学数学教学现状的反思和改进

1. 应对教育挑战的需求

当前，小学数学教学面临诸多挑战，如教学内容设计的单一性、教学方法的传统化等。为了有效应对这些挑战，有必要对小学数学教学现状进行深入反思，以寻找改进的途径和方法。

2. 提升教学质量的迫切需求

小学数学是数学学习的基础阶段，教学质量的提高对学生的数学素养和学习兴趣具有重要影响。因此，有必要通过研究深度学习在小学数学教学中的应用，探索提高教学质量的有效途径。

3. 促进学生学习兴趣的需求

学生对数学学习的兴趣和态度对教学效果具有重要影响。通过引入深度学习理念，可以激发学生对数学学习的兴趣，提高他们的学习积极性，从而促进教学质量的提升。

第二节　研究目的和研究问题

一、研究目的

（一）探索小学数学深度学习的现状和问题

本文的首要目的是深入了解当前小学数学深度学习的现状和存在的问题。通过对已有文献和实践情况的调查，分析小学数学教学中深度学习的实际情况，包括学生的学习状态、教师的教学实践以及教学资源的利用情况等。同时，也重点关注现阶段小学数学教学存在的问题，如教学内容设计的单一性、教学方法的传统化等，为进一步研究深度学习的教学设计提供理论依据和实践基础。

（二）探究教学设计在促进小学数学深度学习中的作用机制

通过分析教学设计对学生学习的影响，揭示教学设计在引导学生深度思考、激发学生学习兴趣和培养学生创新能力等方面的作用机制。通过深入研究教学设计的实施过程，为教学实践提供可行性建议，进一步推动小学数学深度学习的发展。

二、研究问题

（一）小学数学深度学习的现状和问题

本文探究小学数学深度学习的现状和存在的问题。具体而言，重点关注学生数学学习的现状，包括学生的学习态度、学习兴趣和数学成绩等方面。同时，也关注教师的教学实践情况，如教学方法、教学资源的利用以及可能存在的问题，为后续研究提供参考。

（二）教学设计在促进小学数学深度学习中的作用机制

本文探究教学设计在促进小学数学深度学习中的具体作用机制。具体而言，分析教学设计如何对学生数学学习过程产生影响，包括引导学生深度思考、激发学生学习兴趣和培养学生创新能力等。通过深入研究教学设计的实施过程和实施效果，为教学实践提供可行性的建议，进一步推动小学数学深度学习的发展。

（三）教学设计在促进小学数学深度学习中的应用策略

本文探究如何利用教学设计来促进小学数学深度学习的发展。具体而言，将分析教学设计的具体应用策略，包括教学目标的确定、教学内容的设计、教学方法的选择等。通过深入研究教学设计的实践案例和效果评价，为教师提供具体的操作指导和实施建议，进一步推动小学数学深度学习的发展。

第三节 研究方法和数据来源

一、研究方法

（一）文献综述法

文献综述法是通过查阅相关文献资料，系统地总结、分析和评价已有研究成果的方法。通过对已有文献的综合梳理，可以深入了解研究领域的发展历程、理论框架、研究方法和最新进展，为研究问题的确定和解决提供理论支持和参考依据。

文献综述法在教育研究领域具有广泛的应用和重要的作用。通过对国内外相关文献的查阅和分析，可以全面了解研究某领域的研究现状和热点问题，为研究目的的明确和问题的提出提供依据。此外，文献综述法还可以帮助研究者建立起对研究领域的整体认识，为后续实证研究提供理论指导和研究思路。

（二）实证研究法

实证研究法是通过收集和分析实际数据，验证或检验假设、理论或假说的方法。通过对实际数据的观察、实验或统计分析，可以得出客观的科学结论，为理论的验证和问题的解决提供可靠的证据。

实证研究法在教育研究领域具有重要的应用价值。通过实地调研、问卷调查等方法收集到的数据，可以客观反映教育实践的现状和存在的问题，为教育改革和教学实践提供科学依据和决策支持。此外，实证研究法还可以验证和检验教育理论的有效性和可行性，为教育政策的制定和实施提供科学依据。

二、数据来源

（一）文献资料

1. 文献资料的获取途径

文献资料的获取途径包括图书馆、数据库、网络等多种渠道。通过检索相关学术期刊、专业书籍和研究报告等文献资料，可以获取丰富的研究成果和理论观点，为研究问题提供理论支持和参考依据。

2. 文献资料的分析方法

对文献资料的分析可以采用内容分析法、比较分析法、综合评价法等方法。通过系统地梳理和分析文献资料，可以深入地了解研究领域的研究现状、理论框架和最新进展。

（二）实地调研

1. 实地调研的设计与实施

实地调研是指研究者亲自走访教学现场，观察和记录实际教学情况，收集相关数据和信息的方法。通过问卷调查、访谈调查等调研工具，研究者可以深入了解小学数学教学的实际情况和存在的问题，为后续研究提供实际数据和实践经验。

2. 实地调研的数据分析与应用

实地调研收集到的数据可以通过统计分析、内容分析等方法进行深入分析和挖掘。通过分析实地调研数据，可以揭示小学数学教学的特点、存在的问题以及改进的方向。研究者可以通过对实地调研数据的分析，识别教学实践中的问题和挑战，为教学设计和教学改革提供可靠的数据支持。

（三）问卷调查

1. 问卷调查的设计与实施

问卷调查是通过设计并发放问卷，收集受访者的观点、意见和反馈信息的方法。研究者可以设计针对教师、学生、家长等不同群体的问卷，以了解他们对小学数学教学的看法、态度和期望。通过问卷调查的实施，可以获取大量的数据信息，为研究问题的深入分析提供实证支持。

2. 问卷调查的数据分析与应用

问卷调查收集到的数据可以通过统计分析法进行分析。研究者可以通过分析问卷调查的数据，了解不同群体对小学数学教学的认知、需求和期望，发现存在的问题和改进的方向。同时，还可以探索教师、学生、家长等不同群体在教学实践中的角色和作用，为教学设计和教学改革提供科学依据和决策支持。

第四节　研究结构和研究框架

一、研究结构

本文按照以下结构进行组织：导论、小学数学教学存在的问题与核心素养的培养、基于深度学习的小学数学内涵和特性、基于深度学习的小学数学教学设计、基于深度学习的小学数学教学策略的设计、基于深度学习的小学数学表现性评价、深度学习背景下教师角色的转变与专业发展、基于深度学习的教学资源的开发与应用和基于深度学习的小学数学教学设计案例。

二、研究框架

本文的具体框架如下所示：

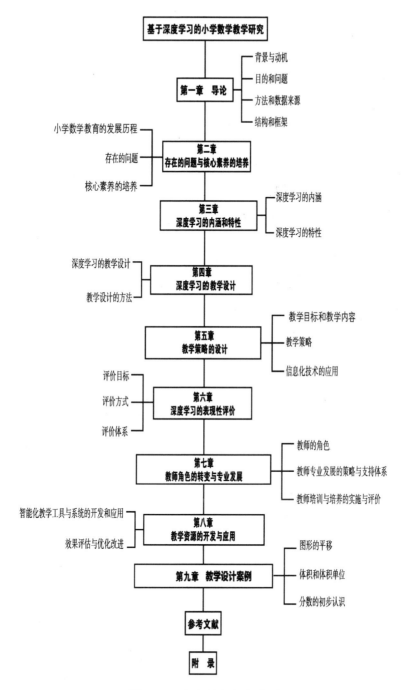

图 1-1 本文的组织框架图

（一）导论

本章介绍了研究的背景、动机、目的、问题、方法和数据来源，以及研究结构和框架，为后续研究奠定了基础。

（二）小学数学教学存在的问题与核心素养的培养

本章通过对国内小学数学教育的历史演变、现状以及存在的问题进行分析，为后续提出深度学习教学模式提供了依据。

（三）基于深度学习的小学数学内涵和特性

本章深入探讨小学数学深度学习的概念、内涵和特性，为后续的教学设计和策略制订提供理论支持。

（四）基于深度学习的小学数学教学设计

本章结合深度学习理念，提出小学数学教学设计的方法和流程，探索如何有效地引导学生进行深度学习。

（五）基于深度学习的小学数学教学策略的设计

本章设计了针对小学数学教学的深度学习策略，包括教学目标的设定和教学内容的整合、教学策略的设计原则与方法、信息化技术在教学策略中的应用等内容。

（六）基于深度学习的小学数学表现性评价

本章探讨了小学数学深度学习的表现性评价，以便更好地了解学生的学习情况和水平。

（七）深度学习背景下教师角色的转变与专业发展

本章着重分析了深度学习背景下教师角色的转变，并提出教师专业发展的策略与支持体系，以适应新时代教学的需求。

（八）基于深度学习的教学资源的开发与应用

本章探讨了开发和应用适用于深度学习的小学数学教学资源，包括多媒体资源和智能化教学工具等。

（九）基于深度学习的小学数学教学设计案例

提供三个小学数学深度学习的教学案例，方便读者更好地理解和应用深度学习的研究成果。

第二章　小学数学教学存在的问题与核心素养的培养

第一节　我国小学数学教育的发展历程

一、小学数学教育的历史演变

（一）初建时期

新中国成立初期，特别在 1949 年至 1952 年，是政治经济体制的重大转型时期，这也反映在了中小学数学教育的建设上。针对小学数学教育，新中国政府在 1950 年颁布了《小学算术课程暂行标准（草案）》，旨在规范和引导小学数学教学。这一标准着重于传统算术的教学，还增加了与实际生活密切相关的内容，如百分数的运用等。然而，由于缺乏相应的教材，该标准并未得到充分实施。

1952 年至 1957 年，我国学习苏联的教育模式，其中 1952 年发布的《小学算术教学大纲（草案）》和 1956 年颁布的《小学算术大纲（修订草案）》等文件成为代表。这一时期注重培养学生的计算能力和空间发展观念，教学内容主要包括整数四则运算、直观几何知识以及分数、小数、百分数的运算和应用题等。教学模式以传授知识为主，教师在"组织教学—导入新课—讲授新课—巩固练习—布置作业"五环节模式下进行教学。在这一时期，我国数学教育体系初步形成。

1958 年，中共中央提出了"教育为无产阶级政治服务，教育与生产劳动相结合"的教育方针，并呼吁教育必须改革。1958 年教育部颁布了《关于小学算术课临时措施问题的通知》，将初一年级学习的算术内容调整到小学阶段。这一时期，各地广泛开展了各种数学教学改革的实验，涌现了许多关于数学教学改革的讨论和建议，包括建议数学教学体系为现代化生产和科技服务、教材内容应结合理论体系与实际应用，以及教材难易程度与学生认知发展相符等。

在这一时期，中国数学会和北京师范大学数学系中小学数学教育改革研究小组的建议，对我国数学教育的现代化发展具有重要意义。这些建议强调了数学教育体系服务于社会主义和现代化生产的重要性，提出了严谨的教材理论体系和教学内容的要求，以及教材难易程度与学生认知能力发展的匹配原则。这些思想和建议为我国数学教育的改革和发展奠定了基础。

（二）"调整—巩固—充实—提高"时期

进入"调整—巩固—充实—提高"时期后，我国教育领域开始认真总结问题，并采取了一系列改革措施以提高教育质量。在此背景下，1961 年教育部制定了《全日制中小学数学教学大纲（草案）》。这一大纲确定了教学内容的原则：首先，强调了算术、代数、几何、平面三角、平面解析几何等基础知识，以确保学生全面而重点地掌握数学的基础知识和技能。其次，适当增加了在近代科学技术中广泛应用的数学知识，如函数、近似计算、概率等，以使教学内容更贴近实际应用需求。还强调了与高等学校学科的衔接，例如在中学阶段就应引入极限概念，并长期培养。最后，特别强调了反映我国数学优良传统和成就的重要性。

随后，1963 年，人民教育出版社编制了《全日制小学算术教学大纲（草案）》。该大纲明确规定了小学数学教育的目的，主要在于培养学生牢固掌握算术与珠算基础知识的能力，正确迅速进行计算、解答应用题的能力和具有初步逻辑推理能力等。该大纲突出了培养学生"双基"和三大"能力"的特色，即在传授基础知识和基本技能的同时，注重培养学生的计算能力、逻辑推理能力和空间想象能力。同时，该大纲科学合理地调整了教学内容，将初中阶段的部分算术调整到小学，突出了教材的编写应遵循数形结合的原则。

（三）面向现代化时期

自 1978 年起，我国数学教育进入了"面向现代化、面向世界、面向未来"的新时期。1978 年教育部制定的《全日制十年制学校小学数学教学大纲（试行草案）》标志着这一时期的开始。该大纲提出了"精简、增加、渗透"六字方针，旨在精选传统算术内容，适度增加代数与几何内容，并适当渗透现代数学思想。该教学大纲明确了小学数学教学的目标，包括理解和掌握数量关系和空间形式的基础知识，正确迅速地进行整数、分数、小数的四则运算，初步了解现代数学思想，培养学生的逻辑思维能力和空间观念，以及结合教学内容进行思想政治教育。

随后，1986 年国家教委颁布了《全日制小学数学教学大纲》。该大纲的特点主要体现在几个方面：首先，明确了小学数学在基础教育中的重要地位，强调培养学生的数学兴趣、良好的学习习惯，以及有理想、有道德、有文化、有纪律的公民品质。其次，突出了发展学生智力和培养能力的重要性，强调数学教学要注重学生，采用启发式的教学方法，让学生积极主动参与学习。最后，灵活调整了教学内容，明确分为五年制小学和六年制小学，并根据不同地区的实际情况进行选用。

在实际操作中，教学内容也进行了微调和优化。例如，对于一些难以理解的内容，及时进行了调整和删减，并推出了两套不同版本的教材，以满足不同地区的教学需求。这一时期的数学教育注重培养学生的综合能力和素质，为我国数学教育的现代化发展奠定了重要基础。

（四）义务教育时期

1985 年，我国正式启动了义务教育，1986 年颁布了《中华人民共和国义务教育法》，确定了九年制义务教育的制度。此后，国家教委在 1992 年颁布了《九年义务教育全日制小学数学教学大纲（试用）》，明确了数学教育的目标。根据该大纲，数学教育旨在使学生理解、掌握数量关系和几何图形的基础知识，具备进行整数、小数、分数四则计算的能力，培养初步的逻辑思维和空间观念及能够运用所学知识解决简单实际问题，同时注重思想品德教育。

随着时代的变迁，2000 年颁布的《九年义务教育全日制小学数学教学大纲（试用修订稿）》对数学教育目标进行了更新。根据修订稿，明确了数学教育的目的：使学生理解、掌握数量关系和几何图形的基础知识；培养学生进行整数、小数、分数四则计算的能力，初步发展思维能力和培养空间观念，探索解决简单实际问题的能力；激发学生学习数学的兴趣，树立学好数学的信心，并进行思想品德教育。

这一时期的数学教育面向全体适龄儿童，旨在提高教学质量的同时，避免增加学生的学习负担。数学教学的特点在于灵活调整教学内容，有增有减，以删减为主。同时，教育部还根据各地区经济与文化发展差异，将教学内容分为不同层次，确保教学的灵活性和适应性。例如，在应用题难度上进行降低，并强调联系学生生活实际；增加代数和统计方面的知识，以及对简易方程进行扩展。此外，教育部还强调了教学内容的灵活性，将大部分内容设为必学，少部分内容只作学习不作考核，同时设立选学内容，以满足不同学生的需求。

（五）走向现代化时期

2001 年，随着新一轮基础教育课程改革的启动，我国教育进入了面向现代化的新时期。教育部于同年 7 月正式颁布了《全日制义务教育数学课程标准（实验稿）》。这一标准在小学数学教育中加入了国家认同教育的新内容。

首先，该标准强调通过历史记忆激发学生的民族自豪感，这成为这一时期落实国家认同教育的变革重心。教材的编写提出了许多具体措施，如通过介绍七巧板相关史料和展示规、矩的历史资料，帮助学生感悟我国祖先的智慧，进而增强他们对祖国的认同感。

其次，在课程标准中首次出现了地理认同这一概念，并且通常将其与具体的学科知识相结合，呈现在教学案例中。例如，学生需要正确选择北京到南京铁路的长度单位，或比较北京电视塔和上海电视塔的高度，以帮助学生更好地认识地理知识、发展数感等。

最后，这一时期的数学教育还加强了对国家发展现状与问题的关注。教学内容的设计开始注重培养学生的领土归属感和对祖国历史文化的自发性认可。例如，学生需要观察新中国成立 50 年来我国城市建设情况的数据统计图，以提取有效数据，或分析我国 1949 年至 2000 年的人口数据，以了解人口变化情况。这一时期的数学教育注重培养学生的公民意识，强调领土归属感和对祖国历史文化的自发性认可，以提高学生对国家的认同感。

（六）核心素养时代的到来

2014 年，我国正式提出了"核心素养"的概念，并将"家国情怀"确定为构建核心素养体系的重要组成部分。随后，2016 年，《中国学生发展核心素养》将"国家认同"列为核心素养的关键内容之一。在这一时代背景下，教育部制定了《义务教育数学课程标准（2022 年版）》（以下简称"新课标"）。新课标反映了小学数学教育中渗透国家认同教育的新时代布局。

首先，在新课标中，国家认同教育相关内容得到了更加全面的展开。通过对新课标中小学部分的文本统计，可以发现国家认同教育相关内容共出现 88 次，其中包括历史文化认同、国家建设、情感认同、国情教育、政治认同等方面。相较于此前的课程标准，核心素养时代的新课标更加全面，形成了以"历史文化认同"为核心，涵盖认知与情感多元因素的国家认同教育体系。

其次，新课标体现了传统与现代的相互交织。课程内容选择的基本理念是"继承与发扬中华优秀传统文化、关注现代科技与社会发展所需、瞄准数学学科前沿"。通过时间聚类分析可以看出，课程内容既涵盖了传统题材（如剪纸、二十四节气、祖冲之等），又包括了近现代元素（如北京奥运会的召开、数学家华罗庚、南水北调工程等）。这种传统与现代的融合体现了对我国历史文化传统的继承与对现代科技发展的关注，为学生提供了更为丰富的国家认同教育内容。

最后，在新课标中，情感认同与具体学科知识的互动关系得到了重视。情感认同依附于具体学科知识的教学实践，比如通过利用折线图直观表述中国高速铁路运营里程的年均增长量、通过平均数表达我国航天器的发射量等，学生可以感受到我国基础建设和科技事业的飞速发展，从而形成对国家的认同感。这种动态互动和多元的教学方式有助于增强学生的国家认同感，使之更加深刻地认识和理解国家的发展与进步。

二、法律法规对小学数学教育的影响

（一）法律法规对小学数学教育目标与内容的影响

1. 法律法规为小学数学教育的目标制定提供了法律依据

我国的教育法律法规包括《中华人民共和国义务教育法》《中华人民共和国教育法》等，这些法律法规明确规定了小学数学教育的目标与任务。例如，《中华人民共和国义务教育法》规定了国家对义务教育的保障责任，其中包括了对小学数学教育的普及与提高教育质量的要求。这些法律法规的制定使得小学数学教育的目标更加明确，有助于教育行政部门和学校制订更加科学合理的教学计划和目标。

2. 法律法规对小学数学教育内容的规范起到了重要作用

教育法律法规不仅明确了小学数学教育的目标，还对教育内容进行了规定。例如，《九年义务教育全日制小学数学教学大纲（试用）》规定了小学数学的教学内容和学习要求，包括了整数、分数、几何等方面的内容，并要求教学内容应当符合学生的认知水平和实际需求。这些法律法规使得小学数学教育的内容更加系统完整，有助于学生全面掌握数学知识。

3. 法律法规对小学数学教育课程设置的指导起到了重要作用

法律法规还规定了小学数学教育的课程设置和教学要求。例如，《全日制义务教育数学课程标准（实验稿）》规定了小学数学课程设置的基本框架和内容，包括了数学基础知识、数学方法与思想等方面的内容，并要求课程设置应当符合学生的认知规律和学习需求。这些法律法规使得小学数学教育课程的设置更加科学合理，有助于提高教学效果和学生学习兴趣。

（二）法律法规对小学数学教学方法与评价体系制定的影响

1. 法律法规为小学数学教学方法提供了指导

法律法规对小学数学的教学方法进行了规范和指导，要求教师根据学生的实际情况和学习特点，采用灵活多样的教学方法。例如，《全日制义务教育数学课程标准（实验稿）》强调了小学数学的教育应当注重启发式教学和体验式学习，要求教师根据学生的实际情况，采用多种教学手段，引导学生主动参与数学学习，提高学习效果和质量。

2. 法律法规为小学数学教育评价体系的建立提供了依据

法律法规要求建立科学合理的小学数学教育评价体系，对学生的学习过程和学习成果进行全面客观的评价。例如，《全日制义务教育数学课程标准（实验稿）》规定了小学数学教育的评价内容和评价方法，包括了日常教学评价、学业水平考试等方面的内容，并要求评价应当注重对学生综合素质的培养和发展，提高评价的科学性和客观性。

3. 法律法规对小学数学教师队伍建设的要求较高

法律法规强调小学数学教师应当具备一定的数学专业知识和教育教学理论知识，具备较高的教学水平和教学能力。例如，《九年义务教育全日制小学数学教学大纲（试用）》规定了小学数学教师的基本素质和教学要求，要求教师具备扎实的数学专业知识，熟悉小学数学教学大纲和教材内容，具备良好的教学组织能力和教学方法，能够根据学生的实际情况和学习需求进行灵活有效的教学。这些法律法规提高了小学数学教师的教学水平和教学能力，有助于提高教学质量和学生的学习效果。

（三）法律法规对小学数学教育资源的配置的影响

1. 法律法规为小学数学教育资源的配置提供了指导

法律法规要求加强对小学数学教育资源的配置与管理，保障教育教学设施和条件的改善。例如，《中华人民共和国义务教育法》规定了国家对义务教育资源的保障责任，要求加大对小学数学教育资源的投入，改善教学条件和教学环境，提高教学设备的现代化水平。这些规定为小学数学教育资源的合理配置和有效利用提供了法律依据，有助于改善教学条件和提高教学质量。

2. 法律法规为小学数学教育管理提供了规范

法律法规要求建立健全小学数学教育管理体制和机制，加强对教育教学工作的组织和管理。例如，《中华人民共和国义务教育法》规定了教育行政部门对小学数学教育的管理职责和权限，要求加强对教育教学工作的指导和监督，促进教育教学改革和发展。这些规定为小学数学教育管理提供了法律依据，有助于加强对教育教学工作的管理和监督，推动教育教学工作的健康发展。

3. 法律法规为小学数学教育质量的监控提供了支持

法律法规要求建立健全小学数学教育质量监控体系，加强对教学质量的评估和监测。例如，《九年义务教育全日制小学数学教学大纲（试用）》规定为了对小学数学教育教学质量的评价和监控要求，要求教育行政部门和学校加强对教学质量的监控和评估，及时发现教学质量问题，并加以解决。这些规定为小学数学教育质量的监控提供了法律依据，有助于保障教学质量和提高教学水平。

第二节 当前小学数学教学中存在的问题

一、传统教学模式的局限性

（一）传统教学模式僵化

1.传授知识途径单一

在传统教学模式下，教师通常采用单一的教学手段，主要以讲解和板书为主，学生被动接受知识。这种传授方式限制了学生对数学知识的深度理解和灵活运用，导致学生的学习效果不佳。教师缺乏创新的教学方法和手段，难以激发学生的学习兴趣和主动性。

2.学生参与度不足

在传统教学模式中，学生通常处于被动接受知识的状态，缺乏积极参与和主动思考的机会。教师主导教学活动，学生只是被动地接受知识，无法充分发挥自己的主动性和创造性。这种学生参与度不足的教学模式容易导致学生对数学学习的兴趣和动力不足，影响了教学效果的提升。

3.教学内容的固化

在传统教学模式下，教师通常按照固定的教学内容和教学进度进行教学，缺乏针对性和灵活性。教师过于注重课堂内容的覆盖和教学进度的推进，忽视了学生个体差异和学习需求的多样性。这种教学内容的固化导致了教学过程的僵化性，难以满足学生持续学习的需求和教师教学提升的需求。

（二）知识传授与能力培养的不平衡

1. 知识传授的过度突出

在传统教学模式下，教师往往过于注重知识点的传授和记忆，而忽视了学生数学核心素养的培养。课堂上，教师通常只是简单地讲解知识点，并布置大量的习题让学生进行机械式的练习，缺乏对学生综合运用数学知识能力的培养。

2. 能力培养的方式单一

在传统教学模式下，教师主要关注学生的计算能力和记忆能力，忽视了学生解决问题能力和创新能力的培养。课堂上，教师往往只是简单地讲解知识点和解题技巧，不重视学生数学思维能力和创新能力的培养。

3. 应试导向的教学设计

在传统教学模式下，教师通常按照应试要求设置教学内容，注重学生的考试成绩，忽视了对学生数学核心素养的培养。教师往往只注重教学内容的传授和考试技巧的讲解，忽视了学生对数学知识的深度理解和综合运用能力的培养。

（三）学生学习风格的多样性未得到充分重视

1. 学习资源的匮乏

在传统教学模式下，学校和教师的教学资源相对匮乏，无法满足学生的学习需求。教师往往只依靠教材和讲义进行教学，缺乏多样化的学习资源和教学手段，难以激发学生的学习兴趣和主动性。

2. 个性化学习的缺失

在传统教学模式下，教师往往忽视了学生的个性化学习需求，采取统一的教学方式和教学节奏。教师通常按照固定的教学计划和进度进行教学，缺乏针对性和个性化的教学安排，无法满足不同学生的学习需求。

二、学生学习兴趣不浓厚动力不足

（一）课程内容的枯燥乏味

1. 缺乏趣味性的教材设计

部分学校所采用的教材设计缺乏趣味性和生活化特征，使得课堂内容枯燥乏味。教材中大量的抽象概念和烦琐的公式让学生感到难以理解和接受，导致学习兴趣的下降。例如，传统的教材可能过于注重数学的理论知识，忽略了与学生日常生活相关的实际问题，使得学生难以将所学内容与实际生活联系起来，从而失去学习数学的兴趣。

2. 缺乏互动性和创新性的教学方法

一些教师习惯采用传统的教学方法，以讲解和板书为主，缺乏互动性和创新性。在这种教学模式下，学生缺乏参与感，容易产生学习倦怠情绪。相比之下，采用互动性和创新性的教学方法，如小组讨论、游戏化学习等，容易激发学生的学习兴趣，提高学生的学习动力。

（二）学习环境的不良影响

1. 教学资源的匮乏

一些学校的教学资源相对匮乏，如教室设施简陋、教学工具陈旧、教材资源有限等，无法提供良好的学习环境。这种环境下，学生难以集中注意力，容易分散精力，从而影响了学习效果。

2. 学习氛围的淡薄

一些学校的学习氛围不浓厚，缺乏积极向上的学习氛围。可能存在学生之间的攀比现象，或者存在学生对学习缺乏认真态度的情况。这种学习氛围会影响学生的学习动力，使他们对数学学习产生抵触情绪。

3. 学校教育理念的单一性

一些学校过分注重应试教育，忽视了学生的全面发展和兴趣培养。他们可能将教学重点放在应试技巧和考试成绩上，而忽视了学生的个性发展和兴趣特长的培养。这种教育理念容易使学生感到学习压力过大，导致学习兴趣的下降。

（三）应试教育的压力

1.重视应试成绩而非学习兴趣

当前社会普遍存在重视应试教育的倾向，学校和家长往往更加关注学生的考试成绩，忽视学生的学习兴趣和个性发展。这种环境下，学生可能会为了应付考试而进行机械式学习，而非出于兴趣和自主选择，导致学习动力的不足。

2.应试压力的过度强调

学生面临的应试压力普遍较大，他们可能要参加各种各样的考试和测试，如期中考、期末考、模拟考等。这种应试压力可能会使学生感到焦虑和紧张，影响了他们对数学学习的积极性和主动性。

3.缺乏清晰的学习目标

一些学生可能缺乏明确的学习目标和规划，不知道为什么要学习数学，缺乏数学学习的动机。这种情况下，学生可能会对学习数学产生消极情绪，导致学习兴趣的下降。

三、数学核心素养培养不足

（一）知识面过于狭窄

1.基础知识点的孤立传授

传统的数学教学往往注重基础知识点的传授，例如，教师可能会将数学知识划分为不同的章节或单元，然后逐一进行讲解和练习。这种教学方式使得学生只能被动地接受知识，而缺乏对知识的整体理解。学生可能会将数学知识视为一堆零散的概念和公式，缺乏对其整体的联系。

2. 应试导向的教学内容设计

由于应试压力的存在，一些学校可能过分注重教学内容与考试内容的匹配，而忽视了数学知识的广泛性和深度性。教师可能会只讲解与考试相关的知识点，而忽略了与其他学科和实际生活相关的数学知识。这种局限性使得学生的数学知识面相对狭窄，缺乏对数学的全面理解和应用。

3. 缺乏启发式教学的引导

传统的数学教学往往缺乏启发式教学的引导，即教师很少通过引导学生发现问题、探索规律的方式来培养其对数学的兴趣。相反，教师通常采用直接讲解和演示的方式来传授知识，导致学生缺乏主动思考和探索的机会，从而限制了他们对数学知识的深入理解和应用。

（二）缺乏综合运用能力

1. 知识与实际问题的脱节

传统的数学教学往往将数学知识与实际问题相分离，使得学生难以将所学知识运用到实际问题的解决中。例如，学生可能会在课堂上学习到抽象的代数方程式，但却不知道如何将其应用到解决日常生活的实际问题中。这种脱节导致学生对数学知识的应用能力不足，缺乏解决实际问题的能力。

2. 缺乏灵活运用知识的能力

传统的数学教学往往只注重学生对特定类型问题的解决能力。例如，学生可能会被要求解决一系列的数学题目，但这些题目往往都是相似的，缺乏多样性和创新性。这种教学方式使得学生只能掌握单一的解决问题的方法，而缺乏灵活运用数学知识解决复杂问题的能力。

3. 缺乏跨学科思维的培养

现实生活中的问题往往是跨学科的，需要学生具备综合运用不同学科知识的能力。然而传统的数学教学往往只注重数学知识本身的传授，缺乏与其他学科的交叉和融合。这种教学模式限制了学生综合能力的培养，使其难以解决跨学科的问题。

（三）缺乏创新思维能力

1. 死记硬背与创造性思维的冲突

传统的数学教学往往强调学生对知识点的死记硬背，而忽视了对学生创造性思维能力的培养。学生可能会花费大量时间记忆公式和定理，而缺乏对数学问题的深入思考。这种教学方式使得学生容易对数学的学习产生抵触情绪，认为数学是一门枯燥的学科，而非一门具有创造性和挑战性的学科。

2. 解题思路的单一性

传统的数学教学往往只注重解题结果，而忽视了解题思路和方法的多样性。教师可能会只传授一种解题方法，而忽略了其他可能的解题思路。这种教学方式限制了学生思维的发散性，使得他们难以从不同角度思考和解决数学问题。

第三节 小学数学核心素养的培养

一、数学核心素养的概念和培养目标

（一）数学核心素养的概念

随着核心素养体系的研究不断深入和教育改革进程的推进，学科核心素养的探讨逐渐成为教育领域的焦点。在这一背景下，对于学生核心素养的培养和提升变得愈加重要。学科核心素养的构建与培养不仅是学科教学的重要任务，也是教育发展的重要目标之一。数学核心素养作为其中的重要组成部分，具有极其重要而深远的意义。

数学核心素养不仅包含了对数学知识和技能的掌握，更强调了学生在数学思想、应用意识以及数学态度等方面的全面发展。

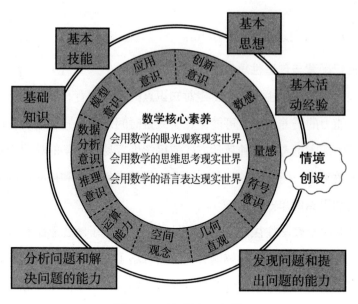

图 2-1 数学核心素养

在国家基础教育改革的背景下，数学核心素养的培养日益成为教育界关注的焦点。数学作为每一位学生必须学习的重要课程，其核心素养的培养不仅是学校教育的重要任务，也是国家教育政策的重要目标之一。在社会各界的共同努力下，数学核心素养的研究和实践也越来越深入，为培养具有扎实数学基础和综合素养的新时代人才提供了重要保障和支撑。

（二）数学核心素养的培养目标

数学核心素养旨在培养学生全面发展的数学能力，使其具备扎实的数学基础知识，同时具备良好的数学思维和解决问题的能力，从而能够在日常生活和学习中灵活运用数学知识。

1. 掌握扎实的数学基础知识

小学数学核心素养的首要目标是培养学生掌握扎实的数学基础知识。这包括对基本数学概念、运算规则、几何图形等方面的掌握。通过系统的课程设置和教学安排，学生应当能够熟练掌握自然数、整数、分数、小数等数学概念，了解常见的几何图形和其性质，掌握简单的代数表达式和方程等内容。此外，学生还应该能够灵活运用所学的数学知识解决日常生活中的简单问题，如计算物品的价格、测量长度和面积等，从而建立起对数学的基础认知。

2. 培养良好的数学思维能力

小学数学教育还应注重培养学生的数学思维。这包括培养学生的抽象思维能力、逻辑思维能力和创造性思维能力。学生应当能够从具体的问题中抽象出数学模型，运用逻辑推理方法解决问题，并能够在解决问题的过程中灵活运用数学知识和方法，提出新的解决思路。此外，学生还应该具备分析和评估问题的能力，能够理解问题的本质，选择合适的解决策略和方法，并能够验证和评估解决方案的有效性，从而培养学生综合运用数学知识解决问题的能力。

3. 提高综合素质能力

小学数学核心素养的培养目标还包括提高学生的综合素质能力。这包括培养学生的实践能力、创新能力和团队合作能力等。学生应当能够将所学的数学知识和方法应用到实际生活中，解决实际问题和开展数学实践活动。同时，学生还应该具备探究精神，能够主动探索数学规律和问题的解决方法，提出新的研究问题和解决思路，并能够与他人合作，共同探讨和解决问题，从而提高学生的综合素质和应用能力，为其未来学习和发展打下良好的基础。

二、培养数学核心素养的必要性

（一）有利于形成数学问题意识

1. 提高对数学问题的敏感性

对数学问题的敏感性指的是学生对周围环境中数学问题的感知和发现能力，以及对数学问题的理解程度。通过培养数学核心素养，可以有效提高学生对数学问题的敏感性。

（1）有助于加深学生对数学知识的理解

数学核心素养强调的是学生全面发展的数学能力，包括数学思维能力、解决问题能力、逻辑推理能力等。通过系统的数学学习和探究，学生能够逐渐理解数学知识的内涵和应用，形成对数学问题的深刻理解，从而提高对数学问题的敏感性。

（2）激发学生对数学学习的兴趣

数学是一门充满趣味和挑战的学科，而培养数学核心素养正是为了让学生更好地理解和欣赏数学的美妙之处。通过开展富有趣味性和挑战性的数学活动，如数学竞赛、数学游戏等，可以激发学生的学习兴趣，增强其对数学问题的敏感性。

（3）促进学生对数学问题的主动探究能力

数学学习不仅仅是接受知识的输入，更需要学生通过实践和探究来加深理解。通过设计和引导学生进行各种数学问题的探究活动，可以培养学生主动发现和解决问题的能力，从而提高其对数学问题的敏感性。

（4）促进学生与教师的深度互动和交流

在数学教学中，教师可以通过提出引人入胜的数学问题，引发学生的思考和讨论，促进师生之间的积极互动和交流。通过与教师和同学的互动，学生可以不断拓宽自己的数学视野，增强理解能力。

2. 培养数学探究的意识

培养数学探究的意识对于学生的数学学习和发展至关重要。数学探究意识是指学生具备主动思考、积极探索的学习态度和能力，在解决数学问题时能够运用适当的方法和策略进行思考和探究。通过培养数学核心素养，可以有效促进学生的数学探究意识的培养，从而提高其数学学习的深度和广度。

（1）有助于激发学生的好奇心和求知欲

数学是一门充满挑战和趣味的学科，而培养数学核心素养正是为了让学生更好地理解和欣赏数学的美妙之处。通过引导学生进行各种富有启发性和探索性的数学活动，如数学模型建立等，可以激发学生的好奇心和求知欲，从而促进其数学探究意识的形成和发展。

（2）提高学生解决问题的能力

数学的学习是一个不断解决问题的过程，而培养数学核心素养正是为了让学生具备解决问题的能力。通过引导学生进行各种数学问题的探究活动，可以提高其问题分析、策略选择、方案实施等方面的能力，从而培养其数学探究意识。

（3）促进学生自主学习和合作学习的能力

数学探究需要学生主动思考和积极探索，而培养数学核心素养正是为了让学生具备自主学习和合作学习的能力。通过设计和引导学生进行各种合作探究活动，如小组讨论等，可以培养学生独立思考和团队合作的能力，从而增强其数学探究意识。

（4）促进学生对数学学科的深入理解

数学是一门抽象而严谨的学科，而培养数学核心素养正是为了让学生能够深入认识和理解数学的本质和特点。通过引导学生进行各种数学问题的探究活动，可以帮助学生理解数学的思想方法和应用价值，从而提高其对数学学科的理解能力。

3. 提高解决数学问题的能力

解决数学问题的能力是指学生在面对各种数学问题时，能够运用所学的数学知识和技能，分析问题、提出解决方案，并有效验证和求解的能力。下面将从几个方面探讨数学核心素养的培养如何提升学生数学问题的解决能力。

（1）强调问题解决的方法与策略

通过系统的数学学习和实践活动，学生不仅能够掌握基本的数学知识，还能够学会运用不同的数学方法和策略解决问题。例如，学生可以通过列方程（组）、建立模型、使用图形表示等方法来解决复杂的实际问题，从而提升其解决问题的多样性。

（2）注重问题解决的思维能力

数学问题的解决往往需要学生具备良好的逻辑思维、创新思维和批判性思维。通过培养这些思维能力，学生能够更加深入地理解问题的本质，提出合理的解决方案，并进行有效的推理和论证。例如，学生可以通过分析问题的结构、归纳总结规律、推理证明等方式来解决数学问题，从而提高其问题解决的能力。

（3）注重问题解决的实践能力

数学问题的解决能力需要学生具备将数学知识应用于实际问题的能力，而这种能力往往需要通过实践活动来培养和提高。例如，学生可以通过参与数学建模竞赛、实地调研和观察、进行数学实验等方式来锻炼自己解决实际问题的能力，从而提高其问题解决的实践水平。

（4）强调合作与交流

在解决复杂的数学问题时，学生往往需要与他人合作，共同讨论、思考和解决问题。通过与同学、老师和专家的交流与合作，学生能够积累更多的解决问题的经验和方法，拓宽自己的思路和视野，从而提高解决问题的效率。

4. 培养数学自信心

通过培养数学核心素养，学生能够逐渐建立起对数学的自信心。数学作为一门抽象而严谨的学科，常常给学生带来挑战和困惑，容易导致一部分学生对数学的学习产生恐惧和抵触情绪。然而，当学生逐渐掌握了数学核心素养，并通过实践活动不断积累成功经验时，他们的自信心也会随之增强。

通过解决各种数学问题，学生可以逐步提高自己的数学水平。随着对数学知识和技能的不断掌握，学生能够更加熟练地解决各种数学问题，从而逐渐建立起对数学的信心。每一次成功的解决都会为学生的自信心注入一剂强心针，使其对自己的数学能力充满信心。

通过参与数学竞赛和实践活动，学生可以体验到数学的乐趣和成就感。数学竞赛和实践活动往往涉及一些具有挑战性和创新性的数学问题，学生通过积极参与和努力探索，不仅可以获得成绩的肯定，而且能够感受到解决问题的喜悦和满足感，从而进一步增强对数学学习的信心和兴趣。

通过与同学和老师的交流与合作，学生可以得到他人的支持和肯定，从而增强自己的自信心。在解决数学问题的过程中，学生往往需要与他人共同讨论、思考和解决问题。通过与他人的交流与合作，学生可以得到他人的建议和帮助，找到解决问题的好方法，从而提高自己解决问题的能力和水平，增强自己的自信心。

（二）有利于培养数学解决能力

1. 提高问题分析能力

数学核心素养的培养有助于提高学生的问题分析能力。学生通过学习和解决各种数学问题，能够逐渐提高对问题的分析能力，深入理解问题的本质和要求，从而能够更加准确地把握问题的关键点和难点。

2. 培养解决问题的方法和策略

数学核心素养的培养可以帮助学生掌握解决问题的方法和策略。通过学习和探究不同类型的数学问题，学生能够积累解决问题的方法和技巧，提高解决问题的效率和准确性，从而更加灵活地应对各种数学问题。

3. 培养合作解决问题的能力

数学核心素养的培养有助于培养学生合作解决问题的能力。在解决复杂的数学问题过程中，学生需要与同学共同合作，分享思路和方法，相互借鉴和协作，从而达到共同解决问题的目标，培养学生的团队合作精神和沟通能力。

4. 提升解决问题的实践能力

数学核心素养的培养可以提升学生的解决问题的实践能力。通过解决各种数学问题，学生能够将所学的数学知识和方法应用到实际生活和学习中，提高解决实际问题的能力，培养学生的实践能力和创新精神。

第三章　基于深度学习的小学数学内涵和特性

第一节　小学数学深度学习的内涵

一、教育学中的深度学习

在教育学领域，深度学习被视为一种基于理解的学习方式。学习者积极主动地学习新的知识，并将其整合到原有的认知结构中，进而将已有的知识迁移到新的情境中。从教师的角度来看，深度学习着重关注学生的发展需求，调动学生的内在潜力，让学生在有效价值判断的基础上学习新知识，并将新知识有策略地融入到自身原有的认知结构，从而发现问题、解决问题。

（一）深度学习的理论基础

1. 以理解为核心的学习方式

安富海等学者指出，深度学习强调学习者以高阶思维的发展和实际问题的解决为目标。这意味着学习者不仅仅是简单地接受和记忆知识，而是通过积极主动地、批判性地学习新的知识和思想，并将其整合到原有的认知结构中。这种学习方式能够使学习者将已有的知识迁移到新的情境中，从而更好地应对复杂的现实问题。

2. 教师角色的转变

从教师的角度来看，深度学习强调关注学生的发展需求，调动学生的内在潜力。教师在深度学习中的角色不再是简单的传授知识，而是成为学生学习的引导者和激励者。教师需要关注学生的个体差异，根据学生的特点设计教学活动，创设有挑战性和意义的学习情境，引导学生以批判性思维去探究知识，从而实现更深层次的学习。

（二）小学数学教学中深度学习的实践

1.围绕小学数学核心内容开展实践活动

在数学教育领域，深度学习的实践应该围绕数学核心内容展开，这意味着将学习置于复杂的有意义的真实的问题情境中。通过引导学生真正经历数学核心问题的探究过程，从而实现对数学意义的深刻理解和深度建构。通过这样的学习方式，学生可以更好地优化小学数学的认知结构，提升数学核心素养。

2.关注小学生的学习过程

深度学习注重关注学生的学习过程。在这个过程中，教师需要创设深度探究的情境，开发具有挑战性的学习主题，引领小学生积极参与、体验成功、获得发展。通过在学习过程中不断调整教学策略，教师可以更好地引导小学生掌握数学思想和方法，实现数学知识的有意义学习。

3.培养小学生的综合能力

深度学习不仅注重学生对知识的理解和掌握，更重要的是培养学生的综合能力。通过深度学习的实践，小学生不仅可以掌握数学知识，还可以培养解决问题的能力、批判性思维能力和创新能力。这些能力是小学生在未来面对复杂问题时所必需的，对其综合发展具有重要意义。

二、计算机科学中的深度学习

"深度学习"的概念起源于对人工神经网络的研究。1943年，心理学家麦卡洛克和数学家皮茨受到生物神经元结构的启发（见图3-1），提出了人工神经元的简易数学模型（见图3-2）。此模型在计算上模拟了神经元的工作方式，并且被认为是现代深度学习的基础之一。

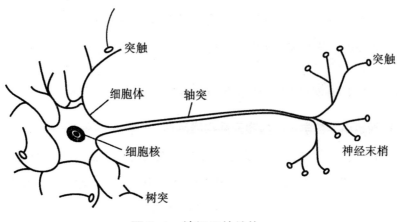

图 3-1 神经元的结构

在图 3-1 中有如下几个重要的部分：细胞核、轴突和突触。人脑认识世界的过程如下：第一，神经元通常具有多个树突，主要用来接受传入信息；第二，轴突只有一条，轴突尾端有许多轴突末梢可以给其他多个神经元传递信息；第三，轴突末梢跟其他神经元的树突产生连接，从而传递信号。这个连接的位置在生物学上叫作"突触"。

神经元模型的基本原理是通过输入信号的加权和传递，模拟神经元内部的兴奋和抑制过程。麦卡洛克和皮茨的模型具有输入层、中间层和输出层，每一层由多个神经元组成，神经元之间的连接具有不同的权重。这些权重通过学习算法进行调整，使模型能够正确地对输入进行分类或预测。

随着时间的推移，神经元模型得到了改进。深度学习通过增加神经网络的深度（层数）来提高模型的性能和表征能力。深度学习模型在诸多领域取得了巨大成功，如计算机视觉、自然语言处理和语音识别等。

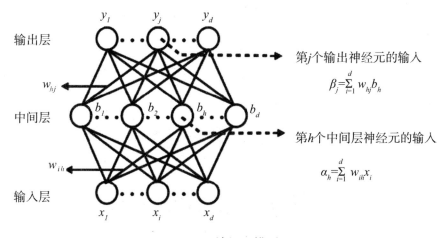

图 3-2　神经元模型

　　在图 3-2 中，神经元模型分为"输入层""中间层""输出层"三个层次。每个"圆圈"均表示一个神经元，"输入层"的神经元只有轴突末梢，"输出层"的神经元只有树突，而"中间层"的神经元既有树突又有轴突末梢，神经元之间的连线表示信息的传输。很容易看到神经元模型完全模拟了生物认识世界的过程：第一，图 3-2 中的 x_i（$i=1$，2，…，d）表示若干输入的数据，也是"输入层"要向"中间层"传输的数据；第二，W_{ih}（$i=1,2,…,d$；$h=1$，2，…，d）表示"输入层"中第 i 个神经元向"中间层"第 h 个神经元传输信息的"权重"；第三，b_h（$h=1$，2，…，d）表示"中间层"中第 h 个神经元得到的数据。如果这个数据达到某个预先设置的"阈值"，则这个神经元将被激活，b_h 这个数据可以继续向"输出层"传输；如果没有达到"阈值"，b_h 将不会传输到"输出层"；第四，w_{hj}（$h=1$，2…，d；$j=1$，2，…，d）以及 y_j（$j=1$，2，…，d）同理。

　　普通的神经元模型，输入数据 x_i（$i=1,2,…,d$）和输出数据 y_j（$j=1,…,d$）已知，利用大量的训练数据来确定各层之间的"权重"。一旦"权重"全部得到确定，这个人工神经元的模型就建立完成了。通过这个模型，机器就可以模拟人类认识世界的方式来进行识别、聚类及优化工作。当"中间层"具有多层神经元时，便得到了计算机科学中的"深度学习"模型（见图 3-3）。

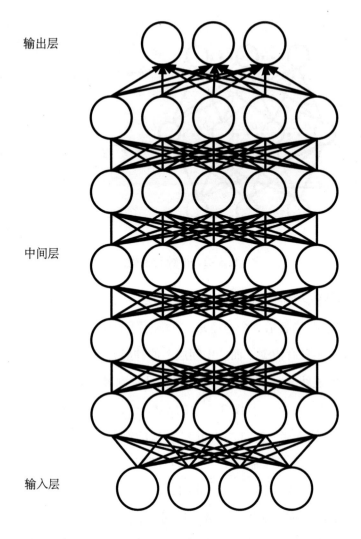

输出层

中间层

输入层

图3-3　含多个隐层的深度学习模型

三、教育学和计算机科学两个领域中的"深度学习"的关系

如果说计算机科学里的深度学习是通过激活神经元和计算神经元之间的权重来达到智能效果，那么教育学里的深度学习，则是在教学中通过激活学生学到的新知识和旧知识之间的关系来实现教学目标。大家可以清楚地看到计算机科学中深度学习的"模型"对应教育学中基于深度学习的

教学过程，两者在目标、方法和重点等方面也有着明显的对应关系（见表 3–1）。

表 3–1　两个领域的深度学习的对应关系

	计算机中的深度学习	教育学的深度学习
模型结构	输入层（初始数据）	具有挑战性的学习任务
	中间层（模仿大脑的神经元之间传递，处理信息，含有多层神经元）	认知结构中已有的知识
	输出层（输出处理后的信息）	数学本质
	检验模型	持续性评价
目标	让机器具备学习能力	让学生有深度学习的能力，自主地挖掘知识间的联系，由"学会"发展到"会学"
方法	通过大量的训练数据来确定模型	在教师的引导下，学生通过完成任务，激活更多的知识元，自主挖掘知识元间的关系
重点	训练过程、神经元的激活以及权重的确定	学生的思考过程、知识元的激活以及知识元间的关系

从上述两个领域的深度学习的对应关系来看，还可以得到它们的区别。这些体现主要在如下三个方面。

首先，在计算机科学中，深度学习是通过调整神经网络中的权重和激活函数，以实现模型对数据的自动学习和识别。与此对应，在教育学中，深度学习指的是通过激活学生已有的知识体系，促使其建立起对新知识的理解，从而达到更深层次的学习目标。这两者的联系在于都涉及知识的组织和应用，但在目标和方法上存在明显的区别。

其次，在计算机科学中，模型的建立是基于大量数据的训练和调整，其目标是使模型能够准确地从输入数据中学习到特征并做出相应的预测。而在教育学中，每个学生的知识体系和学习方式都可能不同，因此深度学习的目标是激活学生已有的知识，引导其主动探索和建构新知识体系，而不是简单地对输入数据进行识别和预测。

最后，在实现深度学习的过程中，计算机科学领域往往依赖于大量的数据和强大的计算资源，采用"题海战术"的方式进行模型的训练和优化。而在教育学中，教师更多地关注学生的个性化学习过程，重视学生对知识的理解和应用，因此深度学习的实现并不局限于大量的练习，而是更注重于引导学生思考和探索。

第二节　小学数学深度学习的特性

一、意义性

（一）教学内容与学生身心成长的关联

传统教学缺乏对知识与学生生活联系的深入探究。教育常被视为知识的传递，而非与学生生命成长的融合。这种做法使得学生对数学的学习缺乏深刻的体验和认识，无法将所学知识与实际生活相结合，从而限制了他们的学习动力。

深度学习强调将教学内容与学生的生活经验相结合，赋予学习的意义。这意味着教师需要将抽象的数学概念与学生熟悉的日常生活联系起来，通过生动的案例和实践活动引导学生探索数学的应用。例如，通过日常生活中的购物、游戏等场景，让学生体会到数学在实际生活中的重要性，从而激发学生的学习兴趣。

（二）教学活动的目的和意义

传统教学忽视了学生的综合素养和认知能力的培养。教师往往只关注教学内容的"教什么"和"怎么教"，忽视"为什么教"的问题，导致学生对知识的理解和应用有欠缺。

深度学习注重教学活动的意义，强调培养学生的综合素质和学科核心素养。教师在教学过程中不仅要传授知识，还要关注学生的情感体验和思维能力的培养。通过启发式的教学方法和多样化的教学活动，激发学生的学习兴趣，促进其全面发展。

（三）学习体验与学习机会的丰富性

在传统教学中，学生被动接受知识，缺乏积极体验。教学内容大多是抽象的概念和公式，与学生的实际生活脱节，导致学生对数学学习的兴趣不高。

深度学习通过丰富多彩的教学活动和实践案例，打破了传统教学的束缚，为学生提供了更广阔的学习空间和机会。教师注重挖掘学生的个性和兴趣，设计富有挑战性和趣味性的学习任务，激发学生的学习热情。学生在实践中体验到数学知识的应用价值，从而更加深入地理解和掌握所学内容。

深度学习强调学生的主动参与和情感体验，在教学活动中充分尊重学生的个性，使学生能够更好地理解和应用所学知识，并在实践中获得愉悦感和满足感。学生通过参与各种实践活动，感受到数学知识的魅力，激发了他们对数学学习的兴趣。

（四）深度学习对学生的作用

1. 促进学生的全面发展

深度学习强调学生的全面发展，不仅关注知识的传授，还注重培养学生的综合素质和学科核心素养。通过丰富多样的教学活动和实践案例，激发学生的学习兴趣，促进其认知能力和情感体验的提高。

2. 提升学生的学科能力

深度学习注重培养学生的批判性思维和创造性思维，使他们能够在学习过程中进行思辨、质疑和创新。通过启发式的教学方法和多样化的教学活动，激发学生的学习热情和创造力，提升其学科能力和综合素质。

3.促进学生的个体发展

深度学习通过将教学内容与学生的生活经验和实际情境相结合，为学生提供了更丰富的学习体验和更广泛的学习机会。教师注重挖掘学生的兴趣，设计富有挑战性和趣味性的学习任务，激发学生的学习热情，从而促进了学生的个体发展。每个学生都有自己独特的学习方式和兴趣爱好，深度学习为他们提供了展示个性和发挥潜能的平台，使每个学生都能够找到适合自己的学习路径和方法。

二、理解性

（一）深刻理解所学内容

传统教学导致学生缺乏对知识的深刻理解。在这种教学模式下，教师往往注重学生对知识的表面理解和记忆，忽视对知识本质和内在逻辑的深入思考。这种灌输式的教学方式容易使学生陷入被动接受知识的状态，而缺乏主动探究和理解知识的能力。相较之下，深度学习强调理解性教学，着重培养学生对知识的深刻理解和应用能力。在深度学习的教学模式下，教师不仅关注学生对知识本身的掌握，更重要的是引导学生深入思考和探究知识背后的学科思想方法和内在逻辑。这种教学理念要求教师通过启发式的教学方法，激发学生的求知欲和探索欲，引导他们积极参与知识的建构。在这个过程中，学生通过自主探究和合作学习，深化对知识的理解。通过深度学习，学生能够逐渐形成系统的知识结构和学科思维方式，从而提高其学习的效果。此外，深度学习还注重培养学生的创新能力和解决问题能力，通过开放性的教学环境和项目式学习方式，激发学生的创造性思维，培养其解决现实问题的能力。

（二）知识符号化与个性化理解

传统教学注重标准化，而学生的个性化理解和应用能力常常被忽视。教师通常注重教学内容的统一性和标准化，而对学生的个性差异和学习需求缺乏足够的关注。这种教学模式容易导致学生缺乏对知识的主动探究和个性化理解。相比之下，深度学习强调知识的符号化和个性化理解，注重挖掘学生的潜能，为其提供个性化的学习路径和方法。在深度学习的教学模式下，教师不再局限于传统的一刀切教学方式，而是关注每个学生的学习特点和能力水平。根据学生的不同学习需求和兴趣爱好，教师设计个性化的教学内容和活动，以培养学生的学习兴趣。这种个性化的教学方法有助于促进学生对知识的深入理解和应用。通过充分考虑学生的个性化需求，教师可以更好地引导学生发现知识之间的内在联系，从而提高其学习的效果。此外，个性化的教学还能够激发学生的创造性思维，并提高其解决问题的能力，为其未来的学习和发展奠定坚实的基础。

（三）知识背后的学科思想方法和内在逻辑

传统教学忽视了知识产生和发展的历史背景以及学科思想方法的重要性。教师通常注重知识的表面传授，而对于引导学生思考知识的来源、发展过程以及背后的学科思想方法缺乏足够的重视。这种教学方式使得学生容易陷入被动接受知识的状态，缺乏对数学本质和内在逻辑的深刻理解。相较之下，深度学习强调对知识背后的学科思想方法和内在逻辑的理解，注重培养学生的批判性思维和创造性思维。在深度学习的教学模式下，教师不仅是知识的传授者，还是学习的引导者和激发者。他们致力于引导学生思考知识的产生和发展历程，以及其中所蕴含的学科思想方法和内在逻辑。通过探讨数学领域中的经典问题、思想方法以及数学定理的证明过程，教师能够激发学生的求知欲，促进其对数学知识的深入理解和应用。通过这种方式，培养学生的批判性思维和创造性思维。这种教学方式有助于学生更好地理解数学的本质和内在逻辑，提高其解决问题的能力。

（四）知识内外部的联系

传统教学常常侧重于知识的表面理解和应试训练，忽视知识之间的内外部联系以及其所具有的意义和价值。在这种教学模式下，教师往往将知识呈现为孤立的事实和概念，而缺乏对知识之间的内在联系和逻辑关系的深入探究。这种传统教学方式容易使学生缺乏主动探索和综合分析的能力。

相较之下，深度学习强调知识内外部之间的联系，注重培养学生的综合分析和评价能力。在深度学习的教学模式下，教师不再局限于传统的教学方式，而是关注知识的全面性和深层次的理解。教师致力于引导学生探究知识之间的内在联系和逻辑关系，以及知识所具有的意义和价值。通过分析数学知识的发展历程、探讨数学思想的演变，以及研究数学定理和概念之间的内在逻辑关系，学生可以深入理解数学知识的本质和意义。

在深度学习的教学过程中，教师还应该注重培养学生的综合分析和评价能力。通过开展探究性学习和项目式学习，学生将有机会将所学知识应用到实际问题中，并进行综合分析和评价。这种综合分析和评价能力不仅有助于学生更好地理解和应用所学知识，还能够培养其解决问题的能力和创新能力。

三、体验性

（一）消除知识与价值、知与行之间的隔阂

传统教学只注重知识的传授，而忽视了知识对学生生活和实践的指导作用。在这种教学模式下，教师通常将数学知识视为孤立的概念和定理，只注重教授其具体内容和解题技巧，而忽视了数学知识在日常生活和实际应用中的价值和意义。这种局限性使得学生难以将所学知识与实际生活情境相联系，导致他们对数学学习缺乏兴趣和动力。

然而，深度学习通过将教材知识与学生的生活经验相连接，消除了知识与价值、知识与行为之间的隔阂，为学生提供了更加丰富的学习体验和认知。在深度学习的教学模式下，教师不仅关注知识的传授，还注重知识的价值和意义，以及其在实践中的应用。教师通过引导学生将所学知识应用到实际生活和问题解决中，激发学生的学习兴趣。例如，教师可以设计与学生生活密切相关的数学问题，如日常消费、时间管理等，让学生将所学知识应用到实际情境中去解决问题，从而增强他们的实践能力。

此外，深度学习还注重培养学生的创新思维。教师通过引导学生开展探究性学习和项目式学习，让他们在实践中体验数学的乐趣，从而培养学生的创新思维。通过这种实践性的学习方式，学生不仅能够深入理解数学知识的价值和意义，还能够将所学知识转化为行动，解决实际生活中的问题，从而实现知识与行为的有机结合。

（二）学习过程中的思维与情感体验

传统教学注重教师的传授和学生的接受，忽视学生的思维习惯和情感态度。在这种教学模式下，教师往往只关注教学内容的表面理解和记忆，而忽视了学生的个性和兴趣。学生通常被要求按部就班地完成作业和应试训练，缺乏对数学学习的主动参与和情感投入。这种传统教学模式容易使学生产生对数学学习的厌倦和抵触情绪，影响其学习动机和学业成绩。

然而，深度学习强调学生的主动参与和情感体验，在教学活动中充分尊重学生的个性和兴趣，使学生能够在学习过程中获得愉悦感和满足感。在深度学习的教学模式下，教师不仅仅是知识的传授者，还是学习的引导者和激发者。教师通过设计富有挑战性和趣味性的学习任务，激发学生的学习兴趣和动力，从而促进其形成积极的学习态度和情感体验。例如，教师可以设计与学生生活密切相关的数学问题，引导学生运用所学知识解决实际问题，激发他们的兴趣和求知欲。同时，教师还可以通过开展小组合作、实践探究等活动，培养学生的团队合作精神和探究精神，增强其学习的成就感。

此外，深度学习还注重培养学生的思维习惯和情感态度。教师可以通过引导学生进行反思和讨论，培养其批判性思维和创造性思维。同时，教师还应该关注学生的情感体验，鼓励他们勇于表达和分享自己的感受和想法，增强其自信心和情感认同感。通过这种方式，学生不仅能够获得愉悦感和满足感，还能够建立积极的学习态度和情感体验，为其数学学习和个人发展打下坚实的基础。

（三）学习活动中的思考、质疑和创新

传统教学教师往往只注重知识的传授，忽视学生的自主思考和创造性发展。学生通常被要求记住公式和定理，按照教师所示的步骤解题，缺乏对数学问题本质的深入理解和批判性思考。这种传统教学模式容易使学生对数学缺乏主动思考和创新的动力，从而影响其数学学习的深度和广度。

相比之下，深度学习强调学生在学习过程中的思考、质疑和创新，注重培养学生的批判性思维和创造性思维。在深度学习的教学模式下，教师不仅仅是知识的传授者，还是学习的引导者和激发者。教师通过引导学生分析问题、提出疑问、寻找解决方法，以及勇于尝试和创新，培养学生的创造力。例如，教师可以提出开放性的问题或者引导学生进行探究性学习，鼓励他们运用所学知识解决实际问题，从而培养其批判性思维和解决问题的能力。

此外，深度学习还注重培养学生的创新意识和创造性思维。教师可以通过开展项目式学习或者组织数学竞赛等活动，激发学生的创新潜能，鼓励他们提出新颖的观点和解决问题的方法。这种创新性的学习方式不仅能够增强学生的自信心和创造力，还能够培养学生的创新思维，为其未来的学习和发展奠定坚实的基础。

四、反思性

（一）学生对自我学习过程的反思

传统教学忽视了学生对自我学习过程的反思和评价。在这种教学模式下，学生通常缺乏对学习过程的主动思考和总结。教师往往只关注于教学内容的传授和考核，忽视学生个体差异和学习需求的多样性。这种传统的教学模式容易导致学生对学习的动机和兴趣下降，影响其学习效果和学业成绩。

然而，深度学习强调学生对自我学习过程的反思，注重培养学生的自主学习能力和学习动机。在深度学习的教学模式下，教师不仅仅是知识的传授者，还是学习的引导者和激发者。教师通过鼓励学生思考和总结学习经验，引导他们对学习内容、方法和态度进行反思和评价。通过反思，学生可以发现自己学习的不足和问题所在，从而及时调整学习策略，提高学习效率。例如，教师可以定期组织学生进行学习小结或者撰写学习日记，鼓励他们记录学习过程中的收获和困惑，反思学习的方式和效果，从而促进其学习的深化和提高。

此外，深度学习还注重培养学生的自主学习能力和学习动机。教师可以通过开展探究性学习、项目式学习等活动，激发学生的学习兴趣和主动性，培养其解决问题的能力和创新精神。通过这种方式，学生不仅能够加深对知识的理解和掌握，还能够养成自主学习的能力和习惯，提高学习的效率。

（二）内化和自我认知的发展

传统教学缺乏对知识的深度理解和内化。在这种教学模式下，教师往往只注重知识的传授和应试训练，忽视学生的独立思考和批判性思维的养成。学生通常被要求记住公式和定理，按照教师所示的步骤解题，缺乏对数学问题本质的深入理解和思考。

然而，深度学习强调学生的内化和自我认知的发展，注重培养学生的自主学习能力。在深度学习的教学模式下，教师不仅仅是知识的传授者，还是学习的引导者和激发者。教师通过引导学生思考和探索知识的内在逻辑和价值，鼓励他们勇于表达和分享自己的观点和想法，从而培养其自信心和创新精神。例如，教师可以通过开展讨论、案例分析等活动，引导学生深入探讨数学问题背后的原理和规律，拓宽其思维的宽度，拓深思维的深度。同时，教师还可以通过设计开放性的问题或者研究性的课题，鼓励学生运用所学知识进行独立思考和创新性的探索，从而提高其问题解决能力和创新能力。

教师可以通过开展自主学习项目、个性化学习任务等活动，激发学生的学习兴趣和主动性，培养其独立思考和自觉学习。通过这种方式，学生不仅能够加深对知识的理解，还能够养成自主学习的习惯，提升学习的质量。

（三）意义感和价值感的思考

传统教学忽视了学生的意义感和价值感的思考。传统教学模式下，教师往往只注重知识的表面理解和记忆，忽视学生对知识的价值和意义的思考。学生通常被要求机械地掌握公式和定理，完成一些抽象的数学题目，但缺乏对数学背后意义和应用的深入思考。

然而，深度学习强调学生对学习过程中获得的意义感和价值感的思考，注重培养学生的情感态度和社会责任感。在深度学习的教学模式下，教师不仅仅是知识的传授者，还是学习的引导者和激发者。教师通过引导学生思考知识对自己生活和社会发展的意义和价值，激发他们的学习兴趣和动力。例如，教师可以通过介绍数学在现实生活中的应用案例，引发学生对数学的兴趣和探索欲望；或者通过讨论数学与其他学科的关联性，引导学生认识到数学在多个领域中的重要性。通过这种方式，学生不仅能够加深对数学知识的理解，还能够意识到数学在解决实际问题和推动社会发展中的重要作用。

此外，深度学习还注重培养学生的情感态度和社会责任感。教师可以通过开展社会实践、志愿活动等形式，让学生将所学知识应用到实际生活中，体验数学所带来的成就感和价值感。

第四章　基于深度学习的小学数学教学设计

第一节　小学数学深度学习的教学设计

小学数学新课改正在深入开展，广大一线数学教师高度聚焦单元教学，培养学生形成相应的知识框架。不管是"学科素养"引导下的单元教学活动，抑或是深度学习理念下的单元主题教学，其共同点是培养和增强学生的数学核心素养。

一、教学背景与特征分析

（一）注重整体关联

1. 打破课时模式

在深度学习的理念指导下，小学数学传统的课时模式被逐步打破。在过去，数学课程常常被划分为独立的课时，每节课程都会侧重于某一特定的知识点或技能。然而，在深度学习的框架下，教育者开始认识到，数学知识的学习不应该是零散的、孤立的，而应该是相互联系的、融合的。因此，打破传统的课时模式成为当务之急。

深度学习理念下的数学教学强调整体性和连贯性，这意味着教师需要重新审视课程结构，并重新组织和整合各类知识点。而这种重新构建课程结构并非简单地将原本的课时内容堆积起来，而是要从整体上考虑各个知识点之间的内在联系和逻辑关系，以确保课程内容的连贯性和完整性。

在进行课程重构时，教师需要注意的是将某一类知识点进行整合组织。这意味着不同的知识点之间可能存在着内在的关联，可以相互补充、相互呼应。例如，在教授小学数学中的几何知识时，不仅可以涉及几何图形的性质和特征，还可以将其与数学运算和实际问题相结合，从而使学生能够更加全面地理解和应用所学知识。

重新构建课程结构的目的是使其更具整体性和连贯性。这样的课程结构不仅能够帮助学生更好地理解和掌握所学知识，还能够培养学生的系统性思维能力和解决问题的能力。同时，将课程内容整合得更加完整和连贯，这能够提高学生的学习兴趣和参与度，从而更好地促进他们的学习效果。

2. 整体关联性

在小学数学教育中，深度学习理念的倡导使得教学模式开始注重整体关联性。这种关联性不仅包括课程内容与知识之间的整体关联，还包括学习方法与教学方法之间的整体关联。这种整体关联性旨在通过统一的核心内容和共同特征的教学方法，促使学生的知识迁移和深度学习。

（1）意味着将教学内容组织成一个有机的整体

在传统的教学模式中，教师往往将数学知识划分为不同的章节或单元，每个章节或单元都被独立讲解。然而，在深度学习的理念下，教师会重新审视课程内容，将相关联的知识点整合在一起，形成一个统一的连贯的教学内容。例如，在教授小学数学的加法和减法时，教师不仅会教授加法和减法的基本运算规则，还会将它们与实际问题相结合，让学生理解它们之间的内在联系和应用场景。

（2）涉及学习方法和教学方法之间的整体关联

在深度学习的教学模式下，教师会选择与课程内容相适应的教学方法，以促进学生对知识的深入理解和掌握。这些教学方法不仅要与课程内容相契合，还要与学生的学习方法相匹配，以便于学生更好地吸收和消化所学知识。例如，对于小学生来说，通过故事、游戏等形式的教学活动，可以激发他们的学习兴趣，提高他们的学习积极性，从而更好地完成知识迁移和深度学习的任务。

（3）旨在帮助学生更好地进行知识迁移

通过聚焦于统一的核心内容和采取具有共同特征的教学方法，让学生可以更轻松地将已学的知识应用到新的情境中。这种知识迁移不仅有助于学生加深对知识的理解，还有助于他们培养解决问题的能力和提升创造性思维。因此，整体关联性的实践对于促进学生的深度学习和综合素养的提升具有重要意义。

（二）注重多元融合

1. 整体融合

在小学数学教育中，教师在大单元主题下的教学中应该注重整体融合，以提升学生的数学核心素养和整体素质。整体融合的理念从课程内容的整体性和学科核心素养的多方面渗透两个方面展开。

一方面，教师需要从整体上融合相关的教学内容，重新组织和构造相关的知识内容。这意味着教师不仅要将教学内容划分为不同的单元或章节，而且要将这些单元或章节之间的关联性和连贯性加以强调和整合。例如，在教学大单元主题下的分数运算时，教师不仅讲解分数的加减乘除运算，还将分数的概念、分数的简化、分数的比较等相关内容融合在一起，构成一个完整的教学体系，使学生能够全面地理解和掌握分数的相关知识。

另一方面，教师还需要合理渗透数学学科核心素养的不同方面，以提升学生的数学核心素养和整体素质。数学学科核心素养包括数学思维能力、数学建模能力、解决数学问题能力等多个方面。在教学中，教师应该注重培养学生的这些数学核心素养，使他们能够灵活运用所学知识解决实际问题。例如，在分数运算的教学时，教师不仅要注重学生的计算能力，还要引导学生运用分数概念解决生活中的实际问题，如分配问题、比较大小问题等，从而提升他们解决数学问题的能力。

2. 多层次、多角度设计教学

应该从多层次、多角度设计教学，以全面提升学生的数学素养。通过多元融合的方式，促进学生对数学的全面理解和应用能力的提升。

（1）在教学设计中，应该考虑数学知识的不同层面。

这包括基础知识、扩展知识和应用知识等方面。基础知识是指学生在数学学习中必须掌握的基本概念、原理和方法。扩展知识是在基础知识的基础上进行延伸和拓展，进一步丰富和深化学生的理解。应用知识是将所学知识应用到实际问题中去解决。通过在教学设计中兼顾这三个层面的内容，可以使学生全面地掌握数学知识，提高他们的数学素养。

（2）在教学设计中，应该考虑不同环节的安排。

这包括课堂教学、课外拓展、实践活动等环节。课堂教学是学生获取数学知识的主要途径，可以通过教师讲解、示范、练习等方式进行。课外拓展是在课堂教学之外，通过阅读、讨论、研究等方式加深学生对数学知识的理解和掌握。实践活动是将所学知识应用到实际生活中去解决问题，通过实践提高学生的数学应用能力。通过合理安排不同环节的内容，可以使学生在不同情境下全面地学习数学知识，提高他们的数学素养。

（3）在教学设计中，应该考虑不同角度的覆盖。

这包括概念性、实践性、综合性等不同角度。概念性是指学生对数学概念的理解和掌握。实践性是指学生将所学知识应用到实际问题中去解决的能力。综合性是指学生在解决问题时综合运用不同的数学知识和方法。在教学设计中兼顾这些不同角度，可以使学生全面地学习和应用数学知识，提高他们的数学素养。

（三）注重知识迁移

1. 新情境下的处理能力

学生的数学核心素养体现在他们能够处理新情境下的复杂问题。在教学设计中，大单元主题的教学应该旨在帮助学生形成更加完善的知识结构，以便在新情境下进行知识迁移和应用。

（1）教学设计应该注重引导学生建立扎实的数学基础

这包括对基本概念、原理和方法的深入理解和掌握。学生只有具备了牢固的基础知识，才能够更好地应对新情境下的复杂问题。

（2）教学设计应该注重培养学生的问题解决能力和创新思维

教师可以通过设计启发性的问题和探究性的活动，引导学生运用所学知识解决实际问题，并鼓励他们发散思维，提出新的解决方案。这样的教学设计有助于激发学生的学习兴趣，培养他们的问题意识和解决问题的能力。

（3）教学设计应该注重培养学生的合作精神和团队意识

在新情境下，学生可能需要与他人合作，共同解决复杂问题。因此，教师可以设计一些合作性的任务和项目，让学生在团队中相互协作、交流和分享，共同探讨问题，共同寻找解决方案。通过这样的合作学习，学生不仅能够提高自己的数学能力，还能够提高团队合作能力和沟通能力。

（4）教学设计应该注重培养学生的自主学习能力和批判性思维

学生在面对新情境时，需要具备自主学习的能力，能够主动获取和整合相关信息，进行自我反思和评价。同时，他们还应该具备批判性思维，能够审视和分析问题，独立思考并提出自己的见解。因此，教师可以通过设计开放性的问题和探究性的任务，引导学生主动探索和学习，培养他们的自主学习能力和批判性思维能力。

2. 有意义的知识生成

通过对大单元主题的整体分析，教师可以设计出有意义的教学活动，促进学生在课堂中进行有效的知识生成和内容理解。这样的教学设计有助于加深学生对数学知识的理解和掌握，并培养他们将所学知识应用于实际情境中的能力，从而实现知识的有意义迁移。

在教学设计中，教师可以采用多种教学方法和策略来促进有意义的知识生成。例如，可以通过启发性问题、探究性学习和案例分析等方式，引导学生主动思考、探索和发现数学知识。同时，教师还可以设计一些具有挑战性和探索性的任务，让学生在解决问题的过程中不断地构建和完善自己的知识结构。

在课堂教学中，教师应该注重引导学生进行深度思考和交流讨论，促进他们对数学概念和原理的理解和应用。通过组织小组讨论、学生展示和解决问题的合作活动，激发学生的学习兴趣，增强他们的学习动力，提高他们的知识生成能力。

此外，教师还可以设计一些与实际生活相关的数学情境，让学生将所学知识应用于实际问题的解决中。例如，可以设计一些数学建模项目或实践活动，让学生在实际情境中运用所学知识，解决现实生活中的问题。通过这样的实践活动，学生不仅可以加深对数学知识的理解，还可以提高解决问题的能力。

二、教学实践设计

（一）明确教学内容

在教学设计中，明确教学内容是非常重要的一步。根据课程标准和教材的要求，确定大单元主题对于整个教学过程的组织具有至关重要的意义。例如，一个典型的大单元主题可以是"0~10 的认识"。在这个大单元主题下，需要进一步确定核心内容，以确保教学的针对性和有效性。

在"0~10 的认识"这个大单元主题中，核心内容是"0~10 的认识"部分。在这一部分中，学生将学习关于 0~10 数的基本概念和运用。具体来说，核心内容可以分为以下几个方面：

首先，是对 0~10 数含义的理解。学生需要通过教学活动和示例，了解每个数代表的数量，以及它们在日常生活中的应用场景。例如，数字 5 可以代表五个苹果或者五只小鸟，这有助于学生建立对数字的直观理解。

其次，是读数能力和写数能力的培养。在这一部分中，教师可以引导学生学习如何正确地书写数，并通过练习和游戏等方式提高他们的读数能力和写数能力。例如，可以设计一些数字书写和识读的游戏，让学生在愉快的氛围中提高这些基本技能。

最后，还包括对数组成的学习。学生需要了解每个数是由哪些基本的数位组成的，以及它们的排列顺序和组合规律。通过分析和比较不同数的组成，学生可以更好地理解数之间的关系和规律，为进一步学习数学知识打下坚实的基础。

（二）制订单元目标

在制订单元目标时，需要根据课程标准和教学大纲的要求，结合学生的实际情况，确立具体、可操作的目标，以指导教学实践并评估学生的学习成果。以"0~10的认识"为例，以下是制订的具体目标：

1. 掌握数的写法和认读能力

学生在小学阶段学习数学时，掌握数的写法是非常重要的基础技能。这涉及学生对数的形态和符号的理解，以及对数所代表的数量的认知。为了确保学生能够准确书写0到10的数并且能够正确地识读这些数，教师可以采取以下教学策略和方法：

（1）教师可以通过直观的教学资源和多样化的教学活动来帮助学生认识和书写数。

教师可以利用数字卡片、数字拼图等教具，让学生通过观察和操作来熟悉每个数的形态和写法。同时，教师可以设计数字描红、数字填充等活动，引导学生逐步掌握书写数的规范和技巧。

（2）教师可以结合生活实践和情境教学，让学生在实际情境中感知数并进行书写和识读。

教师可以组织学生到校园或家庭环境中，寻找各种数并记录下来，让学生通过实地观察和实践操作来巩固数字的认读能力。教师还可以引导学生在日常生活中，注意各种数的出现，并与学生分享数在生活中的实际应用，从而增强学生对数的认知能力。

（3）教师可以设计多种形式的数的识读和书写练习，以巩固学生的技能和提高学生的学习效果。

教师可以设置填空、连线、配对等练习题，让学生通过完成任务来加深对数的理解和掌握。同时，教师可以运用游戏和竞赛的元素，激发学生的学习兴趣，提高学生的学习积极性。

2. 发展比较数大小的能力

为了帮助学生发展比较数大小的能力，教师可以采取一系列教学策略和方法，使学生能够准确地比较数 0 到 10 的大小，并能够用适当的符号表示数之间的大小关系。

（1）教师可以通过直观的教学资源和互动的教学活动来帮助学生理解数之间的大小关系。

教师可以利用棋盘等教具，让学生通过比较长度、高度等物理量来感知数的大小。同时，教师可以设计数的排序等游戏，让学生通过实际操作来比较数的大小顺序。

（2）教师可以引导学生运用适当的符号表示数之间的大小关系。

教师可以设计比较数大小的练习题，要求学生在数之间填写"<"">""="等符号，表示它们的大小关系。通过这样的练习，学生可以逐步掌握符号的使用方法，并能够正确地比较数的大小。

（3）教师可以结合生活实践和情境教学，让学生在实际情境中进行数大小的比较。

教师可以组织学生参与实际测量、购物等活动，让他们比较物体的大小或物体数量的多少或金额的大小，从而培养学生对数大小的敏感度和理解能力。

（4）教师注重练习，提高学生比较数大小的准确性和熟练度。

教师应该注重巩固和练习，通过多次反复练习和实践，帮助学生巩固所学内容，提高比较数大小的准确性和熟练度。同时，教师还应该及时进行评价和反馈，指导学生发现和纠正错误，促进他们的进步。

3. 培养数的组成和分解能力

为了培养学生数的组成和分解能力，教师可以采用一系列有针对性的教学方法和策略，帮助他们理解和掌握数的构成，包括个位和十位的概念，并能够灵活地进行数的组合和分解。

（1）教师可以通过具体的教学示范和操练活动，引导学生逐步理解数的组成结构。

教师可以用具体的物品或图形代表数字，让学生观察、感知和理解个位和十位的含义。通过这样的活动，学生可以直观地理解数的构成，从而为后续数的分解和组合打好基础。

（2）教师可以设计多种多样的教学任务和活动，让学生进行数的分解和组合练习。

教师可以展示一些数字卡片，要求学生将其分解成个位和十位，然后根据指令进行组合。通过这样的练习，学生可以逐步提高对数结构的分析和理解能力，并培养灵活运用数的能力。

（3）教师可以结合数学游戏和竞赛，激发学生的学习兴趣和积极性。

教师可以设计一些数字组合拼图游戏，让学生通过拼图的方式进行数的组合和分解，从而加深对数结构的认识和理解。同时，可以组织数的分解比赛，让学生在竞争中提高分析和运用数的能力。

（4）教师设计多种多样的练习，对学生进行综合评价。

教师应该注重巩固和评价，通过多次练习和实践，帮助学生巩固所学内容，并及时进行评价和反馈，指导学生发现和纠正错误，促进他们的进步。

4. 培养数的顺序排列能力

为了培养学生数的顺序排列能力，教师可以采用一系列系统性和渐进性的教学方法和策略，帮助他们理解和掌握数的顺序规律，并能够灵活地进行数的排列和比较。

（1）教师可以通过示范和引导，让学生逐步理解数的顺序排列规律。

教师可以使用数字卡片或数轴等教具，让学生观察和比较数的大小和顺序。通过比较不同数之间的大小关系，学生可以逐步理解数的正序和倒序排列规律，建立起对数顺序的直观认识。

（2）教师可以设计一系列练习和活动，让学生进行数的排列和比较。

教师可以展示一些数，要求学生按照正序或倒序进行排列，并通过比较大小来确认数的顺序关系。通过这样的练习，学生可以逐步提高对数顺序的理解和掌握能力，加深对数排列规律的认识。

5. 提升数学应用能力

为了提升学生数学应用能力，教师可以采用多种教学策略和方法，帮助他们将所学的数知识运用到实际生活中，并解决实际问题。

（1）教师可以设计一些具体的实践活动，让学生将数学知识应用到日常生活中。

教师可以组织学生进行数学测量活动，让他们测量教室中不同物品的长度、质量等，并用数表示出来。通过这样的活动，学生可以将所学的数知识应用到实际测量中，提升他们的数学应用能力。

（2）教师可以设计一些数学游戏或讲数学故事，让学生在游戏和故事中运用数学知识解决问题。

教师可以设计一些趣味数学游戏，让学生在游戏中进行数的计算、推理和解决问题，培养他们的逻辑思维和创造力。教师还可以编写一些富有趣味性和启发性的数学故事，让学生通过故事中的情节和角色，学习和应用数学知识，增强他们学习的参与度。

（3）教师可以组织学生进行实践性的项目或课外活动，让他们在实际问题中运用数学知识解决问题。

教师可以组织学生进行社区服务活动，让他们通过实地调查和统计，分析社区的需求和问题，并提出解决方案。通过这样的实践项目，学生不仅可以应用数学知识解决实际问题，还可以培养他们的团队合作和社会责任意识。

（三）增强学生数学核心素养

为增强学生的数学核心素养，教学应该注重整合不同板块的数学知识，以促进学生能力的提高和知识的迁移。此外，创设实践环节也是非常重要的，如数学实践课，让学生通过实际操作来体验数学在生产生活中的应用，从而加深对数学的理解。

1.强化不同数学板块知识的内容联系有助于促进学生对数学整体结构的理解和把握。

将不同领域的数学知识联系起来，可以帮助学生建立更加完整的数学认知体系。例如，在讲解分数的加减法时，可以结合几何中的图形，让学生将图形划分成不同的部分来理解分数的加减运算，从而将几何知识和算术知识相互关联，促进知识之间的联系和迁移。

2.创设实践环节可以激发学生学习数学的兴趣，并将抽象的数学概念与实际生活中的问题相联系，增强学生的数学应用能力。

在数学实践课上，可以设计一些与日常生活密切相关的数学问题，如购物结账、食谱制作、建筑设计等，让学生通过实际操作来解决这些问题，从而深入理解数学在生活中的应用价值。通过这样的实践活动，学生不仅可以提高解决数学问题的能力，还能够培养他们的创新意识和实践能力，为将来的学习和工作打下良好的基础。

三、教学评价与反思

（一）课堂评价

课堂评价在教学中扮演着至关重要的角色，它不仅可以帮助教师了解学生的学习情况，还可以促进学生学习的效果。为了有效评价学生的学习情况，教师需要采用多样化的评价方法，并重视过程评价，关注学生的思维过程和解决问题的能力。

1. 多样化的评价方法可以全面了解学生的学习情况，促进其全面发展

观察记录是其中一种有效的评价方法，教师通过观察学生的学习状态、互动表现和课堂参与程度等方面，获取学生的信息。此外，作品展示也是一种有效的评价方式，学生通过展示自己的作品，如数学模型、解题过程等，展现他们的学习成果和思考能力。此外，口头表达也是一种常用的评价方式，通过学生口头回答问题或进行小组讨论的方式，可以了解学生的表达能力和逻辑思维能力。

2. 重视过程评价有助于更好地了解学生的学习过程和思维方式

过程评价注重的是学生在解决问题或完成任务的过程中所展现出的思考和行动，而不仅仅是最终的结果。教师可以通过观察学生的思维过程、听取学生的解题思路和提供即时反馈等方式来评价学生的学习过程。这样的评价方法有助于发现学生的学习困难和问题，及时进行调整和指导，帮助学生提高解决问题的能力。

（二）课后反思

课后反思是教师提高教学水平和促进学生学习的重要环节。通过对课堂教学的反思和分析，教师可以深入了解学生的学习情况和教学效果，从而根据评价结果调整教学策略，优化教学设计，持续提高教学质量。

1. 教师在进行课后反思时应对学生的表现进行分析

这包括了学生在课堂上的参与程度、理解程度、问题解决能力等方面的表现。教师可以通过观察、记录和评价等方式收集学生的表现数据，并对其进行综合分析。例如，教师可以思考学生对课堂内容的理解程度是否达到预期目标，学生在解决问题时是否存在困难，以及学生之间的如何合作等。

2. 教师需要对教学效果进行评估和反思

这包括教学目标是否达到、教学方法是否有效、教学资源是否充分利用等方面的评估。教师可以结合学生的学习情况和评价结果，分析课堂教学的优点和不足之处，并思考如何改进和完善教学。例如，教师可以反思自己在课堂上的教学方式是否灵活多样，是否能够有效激发学生的学习兴趣，以及是否能够充分利用教学资源进行辅助教学等。

3. 教师需要根据评价结果和反思分析，调整教学策略，优化教学设计，持续提高教学质量

这包括了对教学内容、教学方法、教学资源等方面的调整和改进。教师可以结合学生的学习需求和教学目标，灵活运用各种教学策略，设计多样化的教学活动，提供个性化的学习支持，以促进学生的全面发展。

第二节　小学数学深度学习教学设计的方法

一、小学数学深度学习情境教学的内涵与特征

深度学习的基本特征为注重知识学习的理解与批判、强调知识之间联系与建构、重视知识的迁移与运用，指向实际问题的解决，最终实现高阶思维的发展。小学数学深度学习离不开有效的情境创设，深度学习对于知识的理解、运用与意义重构依赖于知识产生的环境，即小学数学深度学习与情境教学的创设紧密相连不可或缺。因此，基于深度学习的内涵与特征，可以得知创设有效的教学情境是实现深度学习的重要途径。

（一）小学数学深度学习情境的教学内涵

小学数学深度学习情境的教学内涵主要包括真实性与生活联系、思维挑战与认知冲突、多元化与整合性、启发探究与合作交流等方面。

1. 真实性与生活联系

情境教学的真实性与生活联系是指教学情境应当贴近学生的日常生活和社会环境，使学生能够将抽象的数学概念与实际情境相联系，增强学习

的真实性和实用性。在数学教学中，通过引入真实的生活场景和问题，可以激发学生的学习兴趣，提高他们对数学的认同感。例如，教师可以设计以学生日常生活中遇到的问题为背景的情境，让学生通过解决实际问题来学习数学知识，如购物计算、时间管理等。这样的情境教学能够使学生更好地理解和应用所学的数学知识，同时也增强了他们对数学的兴趣和学习动机。

2. 思维挑战与认知冲突

情境教学应当设置具有挑战性的核心问题，激发学生的认知冲突，激发他们的思维活动，促进其深层次的理解和思考。这种思维挑战和认知冲突可以帮助学生超越传统的机械记忆和应用，培养他们的批判性思维和创造性解决问题的能力。例如，教师可以设计一道需要学生深入思考和探究的数学问题，让他们通过多种方式思考和解决问题，从而培养他们的问题解决能力和创新精神。在这样的情境下，学生不仅能够掌握数学知识，还能够培养自主学习和探究的能力。

3. 多元化与整合性

情境教学应当多样化，融合不同类型的情境，整合相关的数学概念和技能，使学生能够全面地理解和应用数学知识。这种多元化和整合性的情境教学可以促进学生的综合发展，培养他们的综合素养和跨学科能力。例如，教师可以设计结合数学与科学、艺术、文学等其他学科的情境教学活动，让学生在解决问题的过程中综合运用不同学科的知识和技能，从而培养他们的综合思维和创造性思维。

4. 启发探究与合作交流

情境教学应当激发学生的学习兴趣和主动性，鼓励他们进行自主探究和合作交流，培养其解决问题的能力和合作精神。在这种情境下，学生不仅能够通过探究和交流共同解决问题，还能够相互启发和促进，提高学习效果和学习成就感。例如，教师可以组织学生在小组内进行合作探究活动，让他们共同解决复杂的数学问题，并通过讨论和交流分享彼此的思考和解决方法，从而培养他们的合作精神和团队意识。

（二）小学数学深度学习情境教学的特征

小学数学深度学习情境教学的特征有情境真实指向、思维深度指向和能力提升指向。

1. 情境真实指向

情境真实指向是指教学情境应当贴近学生的实际生活和学习经验，使学生能够深入体验数学知识的应用。这种情境教学能够激发学生的学习兴趣和动机，提高他们对数学的认同感和情感投入。例如，在教学中引入与学生日常生活密切相关的情境，如购物、旅行、运动等，让学生通过解决这些实际问题来学习数学知识，使他们能够深刻理解数学在生活中的应用。这样的情境教学不仅有助于提高学生的学习效果，还能够增强他们对数学学习的主动性。

2. 思维深度指向

思维深度指向是指教学应当引导学生进行深入思考和探究，促进其深层次的理解和思维发展，培养批判性思维和创新能力。这种情境教学能够激发学生的思维活动，促进其从表层的知识掌握到深层次的理解和运用。例如，在教学中设置具有挑战性的问题，引发学生的认知冲突，激发他们的思维活动和探究欲望。通过这样的情境教学，学生不仅能够深入理解数学知识的本质和内在联系，还能够养成解决复杂问题的能力和创新思维。

3. 能力提升指向

能力提升指向是指教学应当帮助学生提高解决问题的能力，培养其运用数学知识解决实际问题的能力，促进其综合素质的全面发展。这种情境教学能够促进学生综合能力的全面提升，使他们能够更好地应对未来的学习和生活挑战。例如，在教学中注重培养学生的解决问题能力、创新能力和合作精神，通过实际问题的探究和解决，培养学生的综合素质和核心竞争力。这样的情境教学不仅有助于学生的学业发展，还能够促进其个人成长和社会适应能力的提升。

二、设计问题情境激发学习兴趣

基于学生已有知识经验，创设真实性情境是实现深度学习的前提，也是情境教学的核心要素。基于深度学习的情境在设置探究活动和问题时应符合教学目标，能够引起学生的深入思考，激发学生的探究欲望，为学生提供充分思考的机会，培养学生善于发现问题、解决实际问题的能力。

（一）创设真实性情境

1. 超市购物情境

在讲解小学数学加法运算时，可以设计一个超市购物情境。学生被分成几组，每组有一定的预算，他们需要到模拟的超市购买食品和日用品。在购物过程中，学生需要计算每种商品的价格，以确保不超出预算。这样的情境使学生将数学知识应用于实际场景，激发了他们的购物兴趣，同时提高了他们的加法运算技能。

2. 旅行路程规划情境

在讲解小学数学距离和时间的概念时，可以设计一个旅行路程规划情境。学生被要求规划一次家庭旅行的路线和停留时间。他们需要计算每段路程的距离，并根据车速和停留时间来确定到达每个目的地的预计时间。这样的情境使学生在实际情境中运用数学知识，同时激发了他们对旅行规划的兴趣。

3. 家庭预算管理情境

在讲解小学数学的减法运算时，可以设计一个家庭预算管理情境。学生被要求管理一个家庭的预算，包括购买食物、娱乐活动等账单。他们需要计算每个月的支出，并确保不超出预算。这样的情境使学生将数学知识与日常生活联系起来，提高了他们的减法运算技能和家庭理财意识。

（二）创设多类型教学情境

1. 生活实用情境

在讲解小学数学时钟和时间的概念时，可以设计一个生活实用情境。学生被要求安排一天的日程安排，包括起床时间、吃饭时间、上学时间和放学时间等。他们需要根据不同活动的时间要求来设置时钟，并确保按时完成每项任务。这样的情境使学生将数学知识应用于日常生活中，增强了他们对时间管理的意识。

2. 游戏竞赛情境

在讲解小学数学加减法运算时，可以设计一个游戏竞赛情境。学生被分成若干组，他们需要在规定的时间内解决尽可能多的数学题目。每组的得分将根据正确答案的数量来确定，以营造比赛的紧张氛围。这样的情境激发了学生的学习兴趣，同时促进了他们的加减法运算技能。

3. 实验探究情境

在讲解小学数学测量和几何形状时，可以设计一个实验探究情境。学生被要求设计一个实验来测量教室里不同物体的长度和宽度，并记录测量结果。然后，他们需要根据这些数据绘制相应的几何图形，并进行比较和分析。这样的情境激发了学生的探究欲望，提高了他们的测量技能。

三、设计探究性学习活动

深度学习的情境教学应关注学生的认知特点，满足学生的认知需求，培养学生的探究精神。情境并非是高深的、指向少数人的，而是面向全体学生，情境中的核心问题能引起学生的深度思考，激发学生的探究兴趣，促进学生深度理解数学知识，重构知识框架。

（一）在情境中设置核心问题

1. 设置挑战性核心问题的重要性

在深度学习的理念下，情境教学必须致力于设置具有挑战性的核心问题，以引导学生深入思考、探究解决问题的路径。这样的问题应当与学生之前的知识和概念有机联系，但又不容易被简单地解决，从而激发学生的求知欲望和解决问题的动力。挑战性核心问题的设置能够激发学生的认知冲突，促使其不断思考、探索解决方案，进而达到更深层次的理解和应用。

2. 核心问题与学生知识经验的关联

核心问题的设置需要充分考虑学生的已有知识，既要挑战其现有的认知框架，又要在合适的范围内与其已掌握的知识相衔接。这种关联性能够使学生在解决问题的过程中，不仅加深对新知识的理解，还能够更好地将新知识融入已有的认知结构中，形成更为完整和稳固的知识体系。

3. 利用核心问题激发认知冲突

在情境教学中，核心问题应当被视为激发认知冲突的催化剂。通过引导学生对核心问题进行深入思考和探究，教师可以促使学生产生认知冲突，从而激发其自主学习的欲望。认知冲突的产生会引导学生主动寻求解决方案，促使其不断调整认知结构，实现对数学知识的深度理解和重构。

4. 抽象概念在问题解决中的具体化

核心问题的设置应当能够帮助学生将抽象的数学概念具体化，使之在问题解决的过程中显现出形象和实际的意义。通过具体的问题情境，学生能够更直观地理解抽象概念所代表的数学含义，从而加深对概念实质的认知。这种具体化的过程有助于学生建立起对数学知识更为深刻和全面的理解，实现知识的意义重构和内化。

（二）合理设置问题链

1. 问题链的整合性和层次性

问题链的设置应当具有高度的整合性和层次性，以确保学生在解决问题的过程中能够逐步深入、系统地理解所学知识。通过合理设置层层递进的问题，可以帮助学生建立起完整的认知链条，从而实现对知识的渐进式掌握和应用。问题链的层次性设计能够满足学生在认知发展上的需要，从简单到复杂、从表面到深层的问题设置有助于引导学生逐步提升认知水平，达到深度理解的目标。

2. 问题链与教学目标的贴合

问题链的设置应当与教学目标密切相关，确保学生在解决问题的过程中能够达到预期的学习成果。通过对教学目标进行细致的分解和梳理，教师可以有针对性地设计问题链，使之能够有效引导学生朝着目标方向进行学习和思考。问题链与教学目标的紧密贴合有助于提高教学的针对性和有效性，使学生在问题解决的过程中能够更好地实现知识的内化和应用。

3. 问题链的趣味性和多样性

为了激发学生的学习兴趣和参与度，问题链的设计应当具有足够的趣味性和多样性。教师可以通过创造性的方式设置问题，引入生动有趣的情境，设计多样化的问题形式，从而吸引学生的注意力，增强其学习的积极性和主动性。趣味性和多样性的问题链有助于营造良好的学习氛围，促进学生在合作探究中深入思考和交流，实现对数学知识的深度理解和应用。

4. 问题链的引导和反馈

在问题链的设计过程中，教师应当及时给予学生必要的引导和反馈，帮助学生顺利解决问题，确保学习的顺利进行。通过及时的引导和反馈，教师可以帮助学生纠正错误的认识，拓展解决问题的思路，促进其对知识的深入理解和掌握。同时，教师还应鼓励学生在问题解决的过程中发挥主动性和创造性，培养其独立思考和合作探究的能力，从而实现对数学知识的深度学习和应用。

四、融入数学文化和实践

融入数学文化和实践是促进小学数学深度学习的重要手段之一。将数学知识与历史、文化、实践相结合，可以激发学生对数学的兴趣，增强学生对数学的认同感和归属感，进而促进他们的深度学习。以下是融入数学文化和实践的几种方式：

（一）历史文化探究

1. 数学的历史渊源与文化背景

数学作为一门古老而丰富的学科，其历史渊源和文化背景深远而广泛。引导学生了解数学的起源和发展历程，可以帮助他们更好地理解数学知识的本质和意义。从古埃及的几何学、古希腊的几何学到古代中国的算术和代数，数学在不同文化和历史时期都有着独特的发展轨迹和贡献。通过学习数学在不同文化中的应用和发展，学生能够感受到数学作为一种普世语言和文化传承的重要性。

2. 数学家的生平事迹与数学定理的由来

通过介绍著名数学家的生平事迹和重要数学定理的由来，可以使学生更深入地了解数学知识的产生和演变过程。例如，讲解欧几里得的几何学、勾股定理的由来等，这些故事不仅能够激发学生的好奇心和求知欲，还能够使他们认识到数学知识的建构是一个历史性和文化性的过程。通过了解数学家们的努力和成就，学生能够认识到数学知识的可贵性和珍稀性，增强对数学的尊重和热爱。

3. 数学知识对人类社会的影响

数学作为一种普遍存在的科学语言和工具，在人类社会的各个领域都发挥着重要作用。引导学生探究数学知识在科学、工程、经济、文化等方面的应用，可以帮助他们更好地理解数学知识的实际意义和社会价值。例如，数学在航天工程中的应用、在金融领域中的应用等，这些实例不仅能够激发学生对数学的兴趣，还能够帮助他们认识到数学知识对人类社会发展的重要性。

（二）数学实践活动

1. 数学建模

数学建模是将数学知识应用于解决实际问题的过程。组织学生参与数学建模活动，可以帮助他们将抽象的数学概念和方法应用到实际情境中，提高解决数学问题的能力。例如，可以组织学生分析社区交通拥堵问题、环境污染问题等，通过数学建模的方式找到解决问题的方案，培养学生的实践能力和创新思维。

2. 数学竞赛

数学竞赛是培养学生数学兴趣和能力的有效途径，通过参与数学竞赛，学生能够接触到更广泛、更深入的数学知识，提高解决问题的能力和速度。例如，可以组织学生参加校内外的数学竞赛，如数学计算比赛、说题讲理比赛等，激发学生的学习兴趣和竞争意识，促进他们对数学的深度学习。

3. 数学游戏

数学游戏是学生学习数学的一种趣味性方式，通过参与数学游戏，学生能够在轻松愉快的氛围中学习数学知识，提高思维灵活性。例如，可以组织学生参与数学趣味游戏，如数学拼图、数学谜题等，通过游戏的方式培养学生的数学思维和逻辑推理能力，增强他们对数学的兴趣和自信心。

（三）数学故事和数学谜题

1. 古代数学家的故事

通过讲述古代数学家的故事，可以激发学生对数学的兴趣和好奇心。例如，可以讲述希腊数学家毕达哥拉斯的故事，他的发现和理论对几何学的发展产生了深远影响；还可以讲述中国古代数学家秦九韶的传奇经历以及他在数学领域的成就。这些故事不仅能够使学生了解数学知识的历史渊源，还能够激发他们对数学的探索。

2. 数学谜题

数学谜题是一种古老而有趣的数学传统，通过讲述和解决民间数学谜题，可以增加学生对数学的亲近感。例如，可以讲述中国古代的《算盘经》

中的数学谜题，或者是欧洲文化中的数学谜题，如数学脑筋急转弯等。通过参与数学谜题的解决，学生能够锻炼自己的逻辑思维和解决问题的能力，增强学习数学的信心。

（四）实地考察和调研

1. 测量与观察

组织学生进行实地考察和调研活动，如测量学校周围的建筑物的高度、长度、面积等。通过实际测量和观察，学生可以将课堂学习的数学知识与实际生活相结合，加深对数学概念的理解和应用。同时，学生还可以学习使用测量工具和技术，培养实践能力和解决问题的能力。

2. 调查与统计

组织学生进行实地调查活动（见附录一），如调查学校内的学生数量、年龄分布、兴趣爱好等。通过实际调查和统计，学生可以学习统计方法，了解数据的收集、整理和分析过程，培养数据处理能力和推理能力。同时，学生还可以通过统计活动了解到数学在实际生活中的重要性。

3. 地理与地图

组织学生进行地理实地考察和地图制作活动，如调查学校周围的地理环境、绘制学校周边地图等。通过地理实地考察和绘制地图，学生可以学习地理概念和地图符号的使用，了解地理信息的表达和传递方式，培养地理意识和空间思维能力。

（五）数学与艺术

1. 数学与绘画

组织学生参与数学绘画活动，如通过绘制几何图形等方式，将数学与绘画相结合。通过绘画，学生可以直观地感受到数学的美感，增强对数学的理解。同时，通过绘画活动，学生还可以培养审美意识和创造能力，提高对数学的认同感。

2. 数学与音乐

组织学生参与数学音乐活动，如通过表演数学节目、创作数学音乐，将数学与音乐相结合。通过音乐活动，学生可以感受到数学与音乐之间的奇妙联系，增强对数学的理解。同时，学生还可以通过音乐活动培养音乐感知，提高对数学的认同感。

3. 数学与舞蹈

组织学生参与数学舞蹈活动，如通过编排数学舞蹈动作等方式，将数学与舞蹈相结合。通过舞蹈活动，学生可以感受到数学与舞蹈之间的奇妙联系，增强对数学的兴趣和理解。同时，学生还可以通过舞蹈活动培养身体协调和表达能力，增强对数学的认同感。

第五章　基于深度学习的小学数学教学策略的设计

第一节　小学数学深度学习的教学目标和教学内容

一、教学目标的设定和分解

（一）建立具体的可操作的目标

1.明确教学目标

在小学数学教学中，明确的教学目标是确保学生能够全面理解和掌握加法和减法的基本原理和方法，并能够在实际生活中灵活运用这些知识解决简单的数学问题。通过教学，学生将能够掌握加法和减法的基本概念，理解加法是合并数的过程，减法是从一个数中减去另一个数的过程。学生将熟练掌握加法和减法的基本算法，包括竖式加法和减法、横式加法和减法，以及进位、借位等相关概念。此外，学生将能够在实际生活中应用所学的加法和减法知识，如在购物时计算商品的总价，计算找零的金额，或者在日常时间管理中计算活动的持续时间等。这样的教学，不仅使学生掌握了加减法的计算技能，还培养了他们的数学思维，让他们能够在日常生活中运用所学的数学知识解决各种实际问题。这样的教学目标旨在帮助学生建立牢固的数学基础，培养他们的数学兴趣和学习动力，为他们未来的学习和发展打下坚实的基础。

2.目标可操作性

教学目标的可操作性是指学生能够通过具体的学习活动和任务来达到

这些目标，从而实现对所学知识和技能的掌握和运用。

以加减法为例，这一教学目标可以通过多种具体的学习活动和任务来实现。

首先，学生可以通过算术练习来提升其加减法计算的技能。这些练习可以包括口算练习、书面计算练习以及在线数学练习等形式，通过不断的练习，学生可以逐渐提高其加减法计算的准确性和速度。

其次，学生可以通过解决实际问题来应用所学的加减法知识。教师可以设计各种与学生生活密切相关的数学问题，如购物计算、时间计算、距离计算等，让学生将所学的加减法知识应用到实际情境中去解决问题。通过实际问题的解决，学生不仅能够加深对加减法概念和方法的理解，还能够培养其数学思维和解决问题的能力。

最后，教师还可以组织学生进行游戏和竞赛活动，通过竞争和合作的方式激发学生的学习兴趣和动力。例如，可以设计一些趣味性的数学游戏，让学生在游戏中运用加减法进行计算，从而加深对加减法的理解和掌握。同时，教师还可以组织加减法竞赛，让学生在竞争中相互学习、相互促进，进一步提高其加减法计算的能力和水平。

3. 目标的适应性

教学目标的适应性是指根据学生的年龄、认知水平和学习需求进行调整，以确保目标能够贴近学生的实际情况，并且能够被他们理解。在小学数学教学中，特别需要考虑学生的认知发展水平，因为小学阶段的学生正处于认知发展的关键阶段，他们的认知能力和学习方式与成人有很大的不同。

首先，针对小学生的认知水平，教学目标应该具有一定的针对性和可操作性。小学生的认知能力和抽象思维能力尚未完全发展，因此教学目标应该尽量简明易懂，避免使用过于抽象或复杂的概念。目标的表述应该清晰明了，让学生能够直观地理解其含义，并且能够通过具体的学习活动来实现这些目标。

其次，教学目标需要考虑到学生的学习需求和兴趣特点。小学生的学习需求通常以实际生活中的经验和情境为主，因此教学目标应该具有一定的实践性和情境性。目标的设置应该与学生的实际生活经验相结合，让学生能够将所学知识与实际情境相联系，增强学习的有效性和可持续性。

最后，教学目标的适应性还需要考虑到学生的年龄特点和个体差异。不同年龄段的学生在认知水平、学习兴趣和学习能力方面存在差异，因此教学目标应该根据不同年龄段的学生特点进行调整和个性化设置。对于年龄较小或学习能力较弱的学生，目标可以设置得更加具体和简单，以保证其能够顺利地达到目标；而对于年龄较大或学习能力较强的学生，目标可以设置得更具挑战性，以激发其学习兴趣和积极性。

（二）分解教学目标

在小学数学教学中，将整体目标分解为可达成的阶段性目标是非常重要的。这样的分解有助于学生逐步实现整体目标，同时也可以帮助教师更好地组织教学内容和评估学生的学习进度。

1. 分解整体目标

对于加减法的教学，整体目标可以分解为以下阶段性目标：

（1）理解加法原理

学生能够理解加法的基本概念和运算规则，包括加法的定义、加法算式的结构和加法运算的性质。

（2）掌握加法运算方法

学生能够熟练掌握加法的运算方法，包括列竖式加法、进位借位法等不同的计算方法，并能够正确地应用这些方法进行加法运算。

（3）应用加法解决问题

学生能够将所学的加法知识和技能应用到实际问题中，包括日常生活中的购物计算、时间计算、长度计算等各种情景，能够灵活运用加法解决各种简单的实际问题。

2. 阶段性目标的设置

针对每个阶段性目标，需要具体明确的行动步骤和评估标准，以确保学生能够清晰地了解如何达到这些目标，并且可以通过有效的评估来检查他们的学习进度和成果。

（1）理解加法原理

教师可以设计一系列的教学活动和示例，引导学生通过实际操作和观察，逐步理解加法的基本原理和概念。评估标准可以包括学生对加法定义的描述、加法运算规则的解释和简单示例的解答等。

（2）掌握加法运算方法

教师可以组织学生进行大量的加法练习，包括列竖式加法、进位借位法等不同形式的计算练习，以提高学生的计算技能和速度。评估标准可以是学生在加法运算中的准确性和速度等方面的表现。

（3）应用加法解决问题

教师可以设计一系列与学生日常生活相关的问题，要求学生运用所学的加法知识和技能进行解答。评估标准可以是学生对问题的理解程度、解决问题的方法和策略以及解答的正确性等。

3. 循序渐进

阶段性目标的设置应该按照学生的学习进度和认知发展水平循序渐进地安排。教师需要根据学生的实际情况，逐步引导他们从简单到复杂、从浅显到深入地掌握加法知识和技能。只有确保学生能够逐步建立起他们的数学基础，才能够有效地实现整体目标，提高学生的数学素养和解决问题的能力。

二、教学内容的选择和整合

（一）选择符合学生认知发展水平的内容

1. 根据学生认知发展水平选择内容

在小学阶段，学生的认知能力处于发展初期，他们对抽象概念的理解能力有限，因此教学内容的选择应当考虑到这一点。具体来说，教师应当选择那些简单明了、易于理解的内容，以确保学生能够轻松地接受和消化所学知识。在数学教学中，可以从最基础的数学概念开始，如数字的认识、数的排序和比较等，逐步引导学生建立起数学思维的基础。

2. 内容的生活化处理

教学内容的生活化处理是非常重要的，特别是在小学阶段。将数学内容与学生的日常生活联系起来，可以增加学生的学习兴趣和参与度。例如，在讲解加法和减法时，可以通过实际生活中的购物场景或分配食物的情境来引导学生理解加减法的概念。这样的生活化处理不仅有助于学生更好地理解数学知识，还能够激发他们对学习的热情。

3. 内容的渐进性安排

教学内容的渐进性安排是确保学生逐步建立数学基础的关键。教师应当根据学生的认知发展水平，将教学内容分阶段、分层次地进行安排，从简单到复杂、由表及里地引导学生学习。例如，在讲解数学运算时，可以先从最简单的加法和减法开始，逐步引入乘法和除法等更复杂的运算。这样的渐进性安排可以帮助学生在适当的时间内掌握所学内容，提高其学习效率和学习质量。

（二）跨学科知识的整合和实践应用的引入

1. 跨学科知识的整合

教学内容的选择应当考虑到数学与其他学科的联系，通过整合跨学科知识，丰富数学的内涵和意义。例如，在讲解小学数学知识时，可以引入自然科学领域的知识，如物理学中的测量与单位等。通过这种跨学科整合，可以让学生更好地理解数学知识在其他学科中的应用，并且提高他们学习数学的兴趣。

跨学科整合不仅可以拓展学生的知识面，还能够培养他们的综合思维能力和创新意识。例如，在解决实际问题时，学生不仅需要运用数学知识，还需要结合其他学科的知识和技能，进行综合分析和创造性思考。通过这样的跨学科整合，可以培养学生的跨学科思维和解决复杂问题的能力，为他们未来的学习和工作打下坚实的基础。

教师在整合跨学科知识时，需要确保教学内容的连贯性和系统性。应当根据学生的认知水平和学科知识结构，合理选择跨学科内容，并将其有机地融入数学教学中去。同时，还需要设计相关的教学活动和任务，引导学生在跨学科学习中进行探究和实践，促进他们全面发展和综合素养的提升。

2. 实践应用的引入

教学内容应当贴近实际应用场景，让学生感受到数学在日常生活和实践中的重要性和应用价值。例如，在教学解决问题时，可以通过引入真实的生活案例或实际情境，让学生深入了解数学知识的实际应用，并激发他们对数学的学习兴趣。

实践应用的引入不仅可以增强学生的学习动机和参与度，还能够提高他们解决问题的能力和创新思维。通过实际问题的引入，学生不仅可以巩固所学数学知识，还能够培养他们的分析、推理和创造能力，提升解决实际问题的能力。

在引入实践应用时，教师应当根据学生的年龄和认知水平合理设计教学活动，确保学生能够理解和参与其中。例如，可以组织学生进行实地考察和调研活动，让他们亲身体验数学知识在实际生活中的应用，并且通过观察和实践掌握相关的数学技能和方法。

3. 内容整合的策略

教师在设计教学内容时，应当注重整合不同领域的知识和技能，构建起统一的知识网络。将跨学科知识和实践应用有机地融入数学教学中，可以增强学生的学习动机和兴趣，促进他们的全面发展。

教学内容的整合应当具有系统性和连贯性，避免只有零散的知识点和活动。教师应当根据学生的学习需求和能力水平，合理设计教学内容和活动，使之既符合课程要求，又能够满足学生的个性化学习需求。

在整合跨学科知识和实践应用时，教师应当注重教学方法和手段的多样化。可以采用讨论、实验、游戏等多种形式的教学活动，激发学生的学习兴趣，提高教学效果。

第二节 小学数学深度学习的教学策略

一、激发学生学习兴趣的策略

（一）情境化教学设计

情境化教学设计是一种有效的策略，可以激发学生的学习兴趣。通过创设具有生活情境的教学场景，将抽象的数学知识与学生熟悉的实际情境相结合，使学习更加贴近学生的生活和经验，从而引发学生的好奇心和求知欲。

1. 创设生活情境

教师可以根据教学内容和学生的实际情况，设计各种具体的生活情境，如购物计算、旅行路程规划、日常时间管理等。通过这些情境，学生可以感受到数学知识在实际生活中的应用，增强学习的实用性。

2. 培养情感共鸣

情境化的教学设计能够引发学生的情感共鸣，使他们更加投入学习中。通过让学生在情境中扮演不同的角色或经历各种情感体验，可以激发他们的情感反应和情感体验，从而增强学习的认同感和归属感。

3. 提供实践机会

情境化的教学设计不仅可以激发学生的学习兴趣，还可以提供实践机会，让学生在实际操作中学习和探索。通过在情境中设置任务和问题，鼓励学生动手实践，培养他们解决问题的能力和实践能力。

（二）游戏化的学习活动

游戏化的学习活动是另一种有效的策略，可以激发学生的学习兴趣和动力。通过设计富有趣味性和竞争性的数学游戏，可以使学习过程变得更加愉快和有趣，从而提高学生学习的积极性。

1.设计多样化的游戏

教师可以设计各种形式的数学游戏，包括七巧板游戏、卡片游戏、数字游戏等，以吸引学生的注意力。游戏的形式可以丰富多样，内容可以涵盖教学的多个方面，如数字运算、几何图形、逻辑推理等。

2.引入竞争机制

通过设置游戏规则和奖惩机制，引入竞争机制，激发学生的学习动力和竞争意识。学生可以在游戏中与同学进行竞争，比拼速度和准确性，提高学习的效率和质量。

3.注重合作与分享

除了竞争，游戏化学习活动也可以注重合作与分享，促进学生之间的合作和交流。通过设计团队游戏或合作任务，学生可以共同探讨问题、协作解决难题，以达到培养团队合作精神和集体意识的目的。

二、促进学生深度思维的策略

（一）启发式问题的引导

启发式问题的引导是一种有效的策略，可以促进学生深度思考和理解数学概念。通过提出开放性和引导性的问题，激发学生的思考和探究欲望，引导他们主动思考并深入理解数学知识。

1.提出开放性问题

教师可以提出具有挑战性和启发性的开放性数学问题，启发学生想出数学的多种解决方法。这些问题可以涉及数学的多个领域，如数学运算、几何图形、代数方程等，鼓励学生通过探索和实践，寻找问题的解决路径。

2. 引导性问题的设计

在提出问题时，教师可以设计引导性的问题，帮助学生逐步思考和解决问题。这些问题可以引导学生提出假设和猜想，并进行验证和推理。通过逐步引导，学生可以逐步深入理解问题的本质和解决方法。

3. 注重思维过程

在引导学生解决问题的过程中，教师应该注重思维过程的引导和反思。通过提出问题、指导思考、展示解决方法等环节，引导学生系统化地思考和分析问题，培养他们的逻辑思维。

（二）探究性学习活动

探究性学习活动是另一种促进学生深度思维的有效策略。通过设计探究性学习任务，让学生通过自主探索和合作探究，深入理解数学知识，培养其解决问题的能力和创新思维。

1. 设计探究性问题

教师可以设计具有挑战性和探索性的问题，让学生通过实际操作和观察，发现问题的规律和特点。这些问题可以涉及数学的各个领域，如数列求和、图形变换、概率统计等，激发学生的好奇心和求知欲。

2. 提供探究性任务

教师可以提供探究性任务和实验活动，让学生通过实践和探索，深入理解数学概念和原理。这些任务可以设计成个人或小组完成，鼓励学生动手操作和合作探究，培养其解决问题的能力和团队合作精神。

3. 引导思考和总结

在学生完成探究性任务后，教师应该及时引导学生对结果进行思考和总结。通过提出问题、讨论发现、归纳总结等方式，引导学生深入分析和思考，巩固和拓展所学的数学知识。

三、支持个性化学习的策略

（一）差异化教学设计

差异化教学设计是一种支持个性化学习的重要策略，根据学生的学习水平和需求，灵活调整教学内容、教学方法和评价方式，以满足每个学生的个性化学习需求。

1. 诊断学生差异

教师需要对学生的学习水平和需求进行全面的诊断，了解每个学生的学习特点、优势和困难。这可以通过课堂观察、测验评估、个性化访谈等方式进行。

2. 设定个性化学习目标

在了解学生差异的基础上，教师可以为每个学生设定个性化的学习目标。这些目标应该与学生的实际水平和学习需求相匹配，具有一定的挑战性和可操作性。

3. 调整教学内容和教学方法

根据学生的学习水平和需求，教师可以灵活地调整教学内容和教学方法。对于学习能力较强的学生，可以提供更深入、更复杂的学习内容和更具挑战性的学习任务；对于学习能力较弱的学生，则可以提供更简化、更具体的学习内容和辅助性的学习活动。

（二）个性化反馈和指导

个性化反馈和指导是支持个性化学习的关键策略，通过提供针对性的反馈和指导，帮助学生克服学习困难，实现个性化学习目标。

1. 及时反馈

教师应该对学生的学习表现和作业成绩及时进行评价和反馈，让学生及时了解自己的学习水平和成绩，发现问题和不足之处。

2.针对性指导

根据学生的学习表现和遇到的困难，教师可以针对性地提供个性化的学习指导和解决方案。这包括给予学生针对性的学习建议、提供额外的学习资源和辅导材料等。

3.鼓励和激励

在提供反馈和指导的同时，教师应该给予学生充分的鼓励和激励，帮助他们建立自信心，克服学习困难，实现个性化的学习目标。

第三节　小学数学深度学习信息化技术的应用

一、翻转学习

（一）理念解析

翻转学习是一种革命性的教学模式，它颠覆了传统课堂的学习模式，重新定义了学生与教师在学习过程中的角色与互动方式。传统上，课堂教学主要以教师为中心，教师在课堂上向学生传授知识，而学生则被动地接受和消化所学内容。然而，翻转学习将这一模式完全颠倒过来，提倡学生在课前通过自主学习和探索来获取知识，而课堂时间则用于加深理解、解决问题和合作学习。

这种教学方法强调了个体学习的重要性，鼓励学生在课前积极主动地学习，通过阅读、观看教学视频、完成作业等方式自主获取知识。这种个体学习的过程不仅有助于学生建立自己的学习节奏和习惯，还能够培养他们的自主学习能力和解决问题的能力。同时，个体学习也有利于满足不同学生的学习节奏和需求，让每个学生都能够深入学习。

而在课堂上，教师的角色也发生了转变。教师不再是简单地向学生传授知识，而是成为学生学习过程中的引导者和指导者。教师通过课堂上的讨论、互动、解答问题等方式，帮助学生深入理解和应用课前所学的知识，激发学生的思维。此外，课堂时间还可以用于学生之间的合作学习，让学生通过小组讨论、项目合作等方式共同探讨和解决问题，提高他们的团队合作能力和沟通能力。

（二）实施方法

1. 课前个体学习空间设计

在课前，学生的个体学习空间设计至关重要，这是他们准备迎接课堂学习的关键阶段。在这个阶段，学生将通过自主学习来达成浅层认知目标，包括记忆、理解和基础应用。为了有效地设计课前个体学习空间，教师可以采取一系列策略来引导学生进行自主学习和准备工作。

（1）提供学习资源

教师可以利用在线学习平台或工具提供学习资源，以便学生在课前获取所需的学习材料和信息。这些学习资源包括视频讲解、在线教材、电子课件、网上练习题等。通过这些资源，学生可以自主选择适合自己的学习方式和节奏，有针对性地进行预习和复习。

（2）设计具体的预习任务

教师可以设计具体的预习任务，以引导学生在课前完成相关的学习活动。预习任务可以包括观看教学视频、阅读相关教材或参考资料、完成练习题等。通过这些任务，学生可以提前了解课程内容和学习重点，为课堂上的深入学习做好准备。

（3）设置学习目标和任务

教师可以设置学习目标和任务，帮助学生明确自己在课前需要达到的学习目标和完成的任务。这些学习目标和任务可以与课堂教学内容和目标紧密结合，让学生在课前就能够清晰地知道自己需要学习和掌握的内容。

2. 课堂上群体学习空间设计

在课堂上，群体学习空间的设计是为了促进学生的合作学习和深度思维，这对于实现深度学习目标至关重要。在这个阶段，学生以小组形式进行讨论、合作，解决问题，旨在达成深层认知目标，如综合应用、分析和创造。教师在课堂上扮演着引导者和促进者的角色，通过与学生互动交流，引导学生构建知识之间的联系，深入思考问题，从而促进深度学习的实现。

为了设计有效的课堂上群体学习空间，教师可以采取以下策略：

（1）建立合作学习氛围

教师可以通过团队建设活动、小组讨论等方式，营造积极的合作学习氛围，鼓励学生之间相互支持和合作。合作学习的氛围可以激发学生的学习兴趣和动力，提高他们的学习效果。

（2）设定明确的学习任务

在小组合作学习过程中，教师需要为学生设定明确的学习任务和目标，指导他们在合作中达成深层认知目标。这些学习任务可以与课堂教学内容和目标密切相关，帮助学生理解和应用所学知识。

（3）提供及时的指导和反馈

在小组合作学习过程中，教师可以及时地给予学生指导和反馈，帮助他们克服困难，解决问题。通过与学生的互动交流，教师可以发现学生的学习问题和困惑，及时给予帮助和指导，促进学生学习进步。

（4）鼓励学生自主思考和表达

在小组合作学习中，教师应该鼓励学生自主思考和表达意见，激发他们的创造性思维和问题解决能力。通过与他人的讨论和交流，学生可以更深入地理解和应用所学知识，提高他们的学习水平和能力。

3.课后个体学习空间设计

课后个体学习空间的设计是为了让学生在课堂之外有机会对所学知识进行深入的复习、巩固和拓展，同时针对个体学习情况进行个性化的学习评价和指导。这个阶段的设计旨在促进学生的自主学习和个性化发展，从而更好地实现深度学习的目标。

（1）个性化复习和延伸

在课后的个体学习空间中，教师可以根据学生的学习情况和需求，为他们提供个性化的复习任务和延伸学习材料。这些任务和材料可以是针对课堂内容的深入拓展，也可以是与学生兴趣相关的额外学习资源，旨在激发学生的学习兴趣和动力，促进其自主学习和深度思考。

（2）个性化学习评价和指导

教师可以利用在线学习平台或工具，对学生的个性化学习情况进行评价和反馈，帮助他们发现和解决学习中的困难和问题。通过及时的个性化指导，学生可以更好地理解和掌握所学知识，提高学习效果和成绩。

（3）反思和总结

在个体学习空间中，学生可以对自己的学习情况进行反思和总结，包括复习的效果、遇到的困难以及解决问题的方法等。通过反思和总结，学生可以更好地认识自己的学习特点和需求，为今后的学习提供指导和借鉴。

（三）效果评估

效果评估在教学过程中具有重要的意义，通过对学生的学习情况和表现进行全面、及时地评价，教师可以更好地了解学生的学习需求和困难，及时调整教学策略和方法，以促进学生的深度学习和个性化发展。课前、课中和课后的学习评价数据可以提供丰富的信息，帮助教师更好地指导学生，推动教学的不断优化和提升。

首先，课前学习评价数据可以帮助教师了解学生的学习基础和预备知识，从而更好地设计教学内容和方式。通过课前测试或问卷调查等方式收集学生的学习情况和兴趣，教师可以了解到学生对于即将学习的知识点的掌握程度和学习态度，为教学的个性化设计提供参考依据。同时，课前评价数据还可以帮助教师了解学生的学习需求和困难，及时调整教学计划，提前预防教学中可能出现的问题。

其次，课中学习评价数据可以帮助教师及时了解学生在课堂上的学习情况和表现，以便及时调整教学策略和方法。通过课堂观察、学生互动、小组讨论等方式收集学生的学习数据，教师可以了解学生对于教学内容的理解程度、学习态度和合作能力，及时发现学生的学习困难和问题，及时进行个性化指导和支持。同时，课中评价数据还可以帮助教师评估教学效果，及时调整教学策略，提高教学的针对性和有效性。

最后，课后学习评价数据可以帮助教师全面了解学生在课后的学习情况和表现，以便进行个性化的学习评价和指导。通过作业、考试、作品展示等方式收集学生的学习数据，教师可以了解学生对于课堂内容的掌握程度、学习成果和问题反馈，及时进行个性化的评价和指导，帮助学生巩固所学知识、弥补学习不足，并进一步促进学生的深度学习和个性化发展。

二、精准教学

（一）理念解析

精准教学作为一种教学理念，旨在通过精准的教学设计，最大限度地促进学生的深度学习和高阶思维能力的发展。在精准教学中，教师需要对教学内容、目标、学习评价和教学流程进行精准分析和有机联系，以确保教学的针对性、有效性和质量。

1. 精准教学的核心要素

教学内容应当与学生的学习需求和实际应用紧密相关，确保学生能够理解和应用所学知识。教学目标应当明确具体，能够引导学生深入思考和探究，培养其高阶思维能力。学习评价应当多样化、全面化，能够全面反映学生的学习情况和水平，为教学提供有效的反馈信息。教学流程应当灵活、有序，符合学生的认知特点和学习规律，最大限度地培养学生的学习兴趣。

2. 精准教学的实施策略

在内容分析方面，教师需要深入了解教学内容的本质和结构，把握其主要概念和重点难点，为教学设计提供基础支持。在目标设定方面，教师需要根据学生的学习需求和水平，确定明确具体的教学目标，引导学生逐步实现深度学习和高阶思维能力的发展。在学习评价方面，教师需要采用多种评价方式和工具，全面准确地评估学生的学习情况和水平，为个性化学习和教学调整提供依据。在教学流程方面，教师需要设计合理有序的教学过程，充分考虑学生的认知特点和学习规律，最大限度地激发学生的学习积极性。

3. 精准教学对学生学习的影响

通过精准的教学设计和实施，教师可以有效地引导学生深入思考和探究，拓深其学习的深度。同时，精准的学习评价和反馈机制可以帮助学生及时发现和解决学习困难，促进其个性化学习和发展。因此，精准教学不仅可以提高教学效果和质量，还可以培养学生的自主学习能力和创新思维，为其未来的学习和发展奠定坚实基础。

（二）实施方法

1. 内容分析和目标设定

教师在教学过程中扮演着关键的角色，其对教学内容的深入分析和学习目标的设定至关重要。

（1）深入分析教学内容

教师需要深入分析教学内容，包括课程大纲、教材内容以及课程标准等方面。这种分析不仅要考虑知识的广度和深度，还要关注知识之间的内在联系，以及知识在实际生活和社会中的应用价值。通过对教学内容的深入分析，教师可以更好地把握知识的本质，为学生提供系统而有意义的学习体验。

（2）设定清晰的学习目标

教师需要根据学科目标和学生需求设定清晰的学习目标。学科目标通常包括知识、技能和情感态度等方面，教师需要根据学科标准和学生的学习水平确定具体的目标。同时，教师还需要考虑到学生的个性差异和学习需求，在设定学习目标时要充分考虑到学生的实际情况和发展水平，确保目标既具有挑战性又具有可实现性。

（3）设计教学内容和活动

教师根据学习目标的不同层次，设计相应的教学内容和活动。这包括课堂教学、课外拓展、实践应用等方面。教师需要灵活运用各种教学方法和手段，激发学生的学习兴趣和主动性，促进其全面发展。此外，教师还需要及时对教学过程进行评估和调整，确保学生能够达到预期的学习目标。

2. 学习评价和教学流程的优化

在教学过程中，学习评价和教学流程的优化是不可或缺的环节。多元评价方式的运用能够更全面地了解学生的学习情况和表现，为教师提供丰富的数据支持。这种评价方式包括但不限于考试成绩、课堂表现、作业质量、小组讨论、项目展示等，通过多种评价手段综合评价学生的学习情况，有助于更准确地把握学生的学习水平和发展需求。

及时收集学生的学习数据是评价的关键。教师可以通过课堂观察、作业批改、小组讨论记录等方式收集学生的学习数据，及时发现学生的学习困难和问题。此外，还可以利用现代技术手段，如在线学习平台、教学管理系统等，实现学生学习数据的自动收集和分析，提高评价的效率和准确性。

根据评价结果调整教学内容、目标和流程是优化教学过程的关键步骤。通过分析学生的学习数据，教师可以了解到学生的学习情况和表现，从而有针对性地调整教学内容和目标，使其更加贴近学生的实际需求和发展水平。同时，教师还可以根据评价结果优化教学流程，采取更有效的教学方法和策略，激发学生的学习兴趣和主动性，提高教学效果。

数据驱动的评价不仅有助于教师更好地了解学生的学习情况和表现，还能够帮助教师更有效地进行教学规划和调整，促进学生的深度学习。因此，教师应该充分利用多元评价方式，及时收集学生的学习数据，并根据评价结果调整教学内容、目标和流程，不断优化教学过程，提高学生的学习效果和满意度。

（三）效果评估

通过对教学内容、目标、学习评价和教学流程的精准分析和优化，教师可以显著提升教学效果，促进学生的深度学习和高阶思维能力的发展。首先，对教学内容进行深入的分析可以确保教师掌握了知识的本质和内在联系，有助于设计更具启发性和深度的教学内容，激发学生的学习兴趣。其次，明确的学习目标可以引导学生明确学习方向，提高学习的有效性和效率。通过设定清晰的学习目标，学生能够更好地理解学习任务的重要性，有助于激发他们的学习动机和自主学习能力。再次，多元评价方式的运用可以更全面地了解学生的学习情况和表现，为教师提供丰富的数据支持。通过综合分析学生的学习数据，教师可以发现学生的学习困难和问题，并及时采取针对性的教学措施，帮助学生克服困难，提高学习效果。最后，优化教学流程可以提高教学的灵活性和适应性，有助于教师更好地应对学生的学习需求和变化，提高教学效果和教学质量。

通过以上措施，教师能够更好地满足学生的学习需求，促进其深度学习和高阶思维能力的发展。学生在这样的教学环境中，不仅能够掌握知识，还能够培养批判性思维、创造性思维等重要能力，为其未来的学习和发展奠定良好的基础。

三、多技术融合教学模式

（一）理念解析

多技术融合教学模式是一种整合多种技术平台和工具，以实现课前、课中和课后教学一体化的教学方法。这一理念旨在充分利用现代技术的优势，为教学提供更广阔的空间和更丰富的资源，从而促进个体学习和群体学习的有机结合，实现深度学习的目标。

1.强调课前、课中和课后教学的整合

在课前阶段，教师可以利用网络平台、在线资源等方式提供预习材料和学习任务，激发学生的学习兴趣和主动性。在课中阶段，教师可以借助多媒体教学、虚拟实验等技术手段，提供丰富多样的教学内容，促进学生的参与和互动。在课后阶段，教师可以通过在线作业、讨论论坛等方式对学生的学习情况进行跟踪和评价，及时给予反馈和指导，帮助学生巩固所学知识，提高学习效果。

2.多技术融合教学模式注重个体学习和群体学习的有机结合

通过个性化的学习路径和资源，满足学生不同的学习需求和兴趣，提高其学习的积极性和主动性。同时，通过协作学习和群体讨论，促进学生之间的合作与交流，培养其团队合作和沟通能力，丰富其学习体验，提高学习效果。

3.多技术融合教学模式的最终目标是实现深度学习

通过整合多种技术平台和工具，教师可以为学生提供更丰富、更生动的学习体验，激发其学习的潜力，培养其批判性思维、创造性思维等高阶思维能力。同时，多技术融合教学模式也为学生提供了更广阔的学习空间和更丰富的学习资源，帮助他们更好地理解和应用所学知识，实现个人学习目标和终身学习的追求。

（二）实施方法

1.课前夯基启思

在现代教育中，课前夯基启思是一项重要的教学策略，旨在通过利用在线学习平台或工具，设计个性化的学习路径，引导学生在课前进行预习和思考，从而为课堂学习打下坚实的基础。这一策略的核心在于激发学生自主学习的动力，促进其在课前进行主动的知识获取和思考，以实现浅层认知目标。

（1）在课前夯基启思的实施中，教师可以利用在线学习平台或工具，为

学生设计个性化的学习路径

通过分析学生的学习水平、兴趣爱好和学习需求，教师可以为每名学生量身定制适合他的学习任务和资源，从而提高学习的针对性和有效性。这样的个性化学习路径能够更好地满足学生的学习需求，激发其学习的兴趣和动力。

（2）在课前夯基启思的过程中，学生被引导进行预习和思考，以确保他们在课堂上能够更好地理解和应用所学知识

预习不仅有助于学生提前了解课程内容，还可以帮助他们建立起对知识的初步认识和理解，为深入学习打下基础。此外，通过思考问题和展开讨论，学生可以启发自己的思维，促进对知识的理解和应用。

（3）课前夯基启思的实施有助于学生达成浅层认知目标

在课前的自主学习过程中，学生通过阅读资料、观看视频、解决问题等方式，获取了一定的知识和信息，建立了初步的认知结构。虽然这些认知目标可能相对较浅，但它们为学生在课堂上更深入地学习奠定了基础，为进一步学习和思考提供了必要的条件。

2. 课中建联深思

在当今教育实践中，课中建联深思是一项重要的教学策略，通过在线教学平台或工具，在课堂上组织学生进行互动交流和合作学习，旨在引导学生深入思考问题，构建知识之间的联系，从而达成深层认知目标。这一策略的核心在于激发学生的思维活跃性和合作精神，促进他们在集体讨论中实现对知识的深入理解和运用。

（1）在课中建联深思的实施中，教师需要充分利用在线教学平台或工具，为学生创造良好的学习环境和互动平台

通过在课堂上展示多媒体教学资源、设置在线讨论区域等方式，教师可以激发学生的学习兴趣，促进他们积极参与和合作互动。同时，教师还可以利用在线工具收集学生的思考和反馈，及时了解学生的学习情况，从而有针对性地进行教学调整和指导。

（2）在课中建联深思的过程中，学生被引导参与互动交流和合作学习，从而实现对知识的深入思考和探究

通过教师的引导和组织，学生可以在课堂上展开讨论、分享观点，共同探讨问题的解决方案，从而加深对知识的深度理解和应用。这种集体合作学习的方式不仅有助于拓宽学生的思维视野，还能培养其团队合作能力和沟通技巧，提升学习效果。

（3）课中建联深思的实施有助于学生达成深层认知目标。

在课堂上进行互动交流和合作学习的过程中，学生通过与他人的讨论和交流，不仅能够加深对知识的理解，还能够构建知识之间的联系，实现对知识的综合应用和创新。这种深层认知目标的达成，不仅能够提高学生的学习水平，还能够培养其批判性思维和解决问题的能力，为其未来的学习和生活打下坚实的基础。

3. 课后促学反思

在课后促学反思的教学模式中，教师借助在线学习平台或工具，对学生的个体学习情况进行全面评价和精准指导，旨在为学生提供个性化的学习任务和反馈机制。这一过程不仅有助于学生巩固所学内容，还能够解决个性化的学习困难，实现对学生学习过程的深入反思和指导。

（1）教师通过在线学习平台或工具，收集并分析学生的学习数据，包括学习行为、表现、答题情况等。

基于这些数据，教师可以全面了解每个学生的学习情况和学习特点，识别出学生的学习需求和困难，为后续的个性化指导提供数据支持。

（2）教师针对不同学生的学习情况和需求，设计个性化的学习任务和反馈机制。

这些学习任务可能涉及复习巩固、拓展延伸或弱点强化等方面，旨在帮助学生巩固所学知识，提升学习能力。同时，教师还通过及时的反馈和指导，指出学生在学习过程中存在的问题和不足，提供针对性的建议和支持，促进学生的进步和成长。

（3）课后促学反思也强调学生自主学习和自我反思的重要性。

在个性化学习任务的指导下，鼓励学生独立思考、自主探究，发现并解决学习中的问题。通过反思自己的学习过程和成果，学生可以更清晰地认识自己的学习特点和能力水平，提高自我管理能力和自我调节能力。

（三）效果评估

教育领域中的效果评估是一个综合性的过程，旨在评估教学活动对学生学习成果和发展的影响，以便及时调整教学策略。通过课前、课中和课后的教学活动和评价，教师可以全面了解学生的学习情况和需求，从而实现教学目标的达成，促进学生的深度学习和个性化发展。

课前的教学活动和评价是教师了解学生起点水平和学习需求的重要途径。教师可以通过诊断性评估、检查预习作业等方式，了解学生先前知识的掌握情况，识别出他们的学习差距和潜在困难，为后续教学的个性化设计提供基础数据。

课堂上的教学活动和评价是教师及时调整教学进度和内容的重要手段。教师可以通过课堂教学、小组讨论、互动问答等方式，观察学生的学习状态和表现，收集学生的反馈意见和问题，发现教学中存在的不足和改进空间，及时调整教学策略和方法，确保教学过程的高效进行。

课后的教学活动和评价是教师评估学生学习成果和效果的重要环节。教师可以通过作业、课后反馈问卷等方式，全面评价学生对教学内容的掌握程度，分析学生的学习表现和进步情况，发现个性化的学习需求和问题，为后续的教学设计和个性化指导提供依据。

在教学活动和评价的过程中，教师应注重多元评价方法的应用，综合利用定性和定量评价手段，全面了解学生的学习情况和需求。同时，教师还应关注学生的学习动机和情感态度，培养其积极的学习态度和自主学习能力，促进其全面提升。

第六章 基于深度学习的小学数学表现性评价

第一节 小学数学深度学习的评价目标

一、表现性评价的概念和意义

（一）表现性评价的概念

表现性评价是指教师通过观察、记录和分析学生在学习过程中展现出的能力、态度和情感等方面的表现，以全面、客观的方式对其进行评价的方法。相较于传统的定量评价方法，表现性评价更加注重学生在实际情境中的表现和能力发展，强调学生的个性化和综合素养的培养。在表现性评价中，教师不仅关注学生的学习成绩和知识的掌握程度，还关注其学习态度、合作能力、创造力等方面的表现，以便全面了解学生的学习情况和发展水平。

（二）表现性评价的意义

1. 促进学生的全面发展

表现性评价通过观察和记录学生在学习过程中的各种表现，能够全面了解其认知、情感和社交等方面的发展情况，从而促进学生的全面发展和个性化成长。

2. 提高评价的准确性和有效性

表现性评价采用多种评价方法和工具，能够更加准确地反映学生的实际水平和特点，为教师提供更加客观的评价依据，从而提高评价的准确性和有效性。

3. 引导教学的个性化和差异化

通过对学生表现的观察和分析，教师可以更好地了解学生的学习需求和学习障碍，有针对性地调整教学策略和方法，实现教学的个性化和差异化，满足不同学生的学习需求。

4. 培养学生的综合素养

表现性评价不仅关注学生的学习成绩，还注重其在学习过程中表现出的能力、品格和素质。通过评价学生的表现，可以促进其综合素养的培养，提升其综合能力和竞争力。

5. 建立良好的师生关系和学习氛围

表现性评价注重对学生的关注和理解，能够增强学生对教师的信任和对班级的归属感，建立起良好的师生关系和学习氛围，有利于营造积极向上的学习环境。

二、设定表现性评价

（一）设定表现性评价的要求

1. 明确具体

表现性评价的目标和指标应当明确具体，能够清晰地指导评价活动的开展和实施。这意味着目标和指标应该具体描述所期望的学生表现，以便教师和学生能够理解和执行。

2. 可操作性

表现性评价的目标和指标应当具有可操作性，即能够通过具体的评价方法和工具来进行衡量和观察。这意味着目标和指标应该能够转化为可以实际观察和记录的行为表现，以便评价者能够准确地收集和分析数据。

3. 多样性

表现性评价的目标和指标应当涵盖学生认知、情感和社交等多个方面的表现，以全面反映学生的学习情况和发展状态。这意味着评价不应仅仅关注学生的学习成绩，还应考虑到学生的态度、价值观和社会交往能力等方面。

4. 阶段性

表现性评价的目标和指标应当根据学生的学习阶段和年龄特点进行设定，具有逐步发展和渐进性的特点。这意味着目标和指标应该能够随着学生的成长和发展而不断调整和完善，以适应不同阶段的学习需求和发展水平。

（二）设定表现性评价的步骤

1. 分析学科教学要求和学生特点

表现性评价的目标和指标的设定应当充分考虑学科的教学要求和学生的特点，以确保评价能够准确反映学生的学习情况和能力水平。这需要教师对课程标准、教材内容以及学生的认知水平和学习风格进行综合分析。例如，在小学数学教学中，教师可以根据课程标准确定需要评价的数学概念和技能，同时考虑到学生年龄特点和认知发展水平，合理设定评价目标和指标。

2. 设计评价指标和标准

根据课程内容和教学目标，教师应当设计具体的评价指标和标准，以便能够全面、客观地评价学生的学习表现。这包括确定评价的内容范围、考核方式和评分标准等方面。例如，在小学数学教学中，教师可以根据课程内容和教学目标设计针对加减法、乘除法等不同知识点的评价指标，同时确定评价的方式，如口头问答、笔试等，并制订评分标准，确保评价的客观性和公正性。

3. 设定个性化的评价目标和指标

考虑到学生的个体差异和学习需求，教师应当设定个性化的评价目标和指标，以确保评价的公平性和准确性。这需要教师对学生的认知水平、学习能力和学习风格进行综合考虑，并根据实际情况调整评价目标和指标。例如，在小学数学教学中，教师可以根据学生的学习水平和个性特点，设定不同层次和难度的评价指标，以满足不同学生的学习需求。

4.调整和优化评价目标和指标

表现性评价的目标和指标应当是动态调整的，需要随着教学实践和学生发展的变化而不断优化和完善。教师应当定期对评价目标和指标进行评估和调整，以确保其能够与时俱进，符合教学实践和学生发展的实际需求。这需要教师不断反思和改进评价方法和标准，以提高评价的有效性和准确性。

三、评价与反馈的有效性

（一）评价与反馈有效性的特点

评价与反馈的有效性是表现性评价过程的关键环节，它们应该具备以下特点：

1.及时性

评价与反馈的有效性首先体现在其及时性上。及时的评价与反馈能够帮助教师和学生尽可能早地发现学习中存在的问题和困难，从而采取措施进行调整和改进。如果教师能够及时发现学生在掌握数学概念或解决数学问题上的困难，及时给予针对性的帮助和指导，可以避免问题的进一步积累和恶化，有利于学生的学习进步。

2.全面性

评价与反馈的有效性还应具备全面性，即要全面考虑学生的认知、情感和社交等方面的表现。在进行评价和反馈时，不仅要关注学生的学习成绩和知识掌握程度，还要关注其学习态度、情感状态以及与他人的交往情况等。通过全面的评价和反馈，可以更好地了解学生的整体情况，有针对性地进行教学指导和帮助。

3. 针对性

有效地评价与反馈还应具有针对性。评价与反馈应当根据学生的具体情况和问题，给予个性化的指导和建议。不同学生在学习上存在着不同的问题和困难，因此，评价与反馈应当具体针对每个学生的学习情况和需求，给予相应的指导和帮助，促进其进步。

4. 激励性

评价与反馈的有效性应具有激励性。良好的评价与反馈能够激发学生的学习兴趣和积极性，促进其自我发展。通过给予学生积极的评价和鼓励，激励他们不断努力和进步。同时，及时发现学生的优点和进步，给予肯定和奖励，也能够激发学生的积极性。

（二）评价与反馈有效性的措施

为了确保评价与反馈的有效性，教师可以采取一系列措施，从评价方法和工具的多样性到学生参与和反馈机会的提供，以及定期组织评价和反馈活动等方面进行考虑和实施。

1. 设计多样化的评价方法和工具

不同学生具有不同的学习风格和能力水平，因此需要针对这些差异设计灵活多样的评价方法和工具，以满足不同学生的评价需求。这包括口头回答问题、书面作业、小组讨论、项目展示等多种形式的评价方式，以确保评价的全面性和客观性。

2. 给予学生充分的参与和反馈机会

教师可以鼓励学生主动参与评价过程，如通过自我评价、同伴评价和课堂讨论等方式，让学生更多地参与到评价和反馈的过程中来。这不仅能够提高评价的客观性和准确性，还能够增强学生的学习主动性和责任感。

3. 定期组织评价和反馈活动

教师可以定期组织各种形式的评价和反馈活动，如课堂小测、学习笔记检查、学习成果展示等，及时了解学生的学习情况，并给予及时的反馈和指导。这有助于建立起持续性的评价机制和反馈体系，促进教学的持续改进和提高。

第二节　小学数学深度学习的评价方式

一、综合评价与个性化评价

综合评价是教育领域中一个重要的概念，尤其在小学数学教学中，它扮演着至关重要的角色。综合评价通过结合多种评价方法和工具，全面、客观地评价学生在学习过程中的表现。这种评价方法涵盖了书面作业、口头表现、项目作品、小组合作等多种形式，以全面反映学生的学习情况和发展水平。综合评价不仅有助于教师更全面地了解学生的学习情况，也可以激发学生的学习兴趣。在小学数学教学中，综合评价可以通过不同形式的考试、课堂表现评价、课后作业评价以及项目作品评价等方式来实现。通过综合评价，教师可以更好地了解学生的学习进度和水平，为个性化教学提供有力支持。

个性化评价是综合评价的重要组成部分，它强调根据学生的个性特点和学习需求，进行针对性的评价和反馈。个性化评价的目的是发现学生的个性化发展需求和问题，并针对性地给予指导和帮助，以促进学生的个性化成长和进步。在小学数学教学中，每个学生的学习情况和学习方式可能都存在差异，因此需要针对这些差异进行个性化评价。个性化评价可以通过定制化的评价方案、个性化的学习任务和反馈机制等方式来实现。通过个性化评价，教师可以更好地了解学生的学习需求，有针对性地调整教学策略和方法，从而提高教学效果，促进学生的个性化发展。

综合评价与个性化评价在小学数学教学中的应用具有重要的意义。综合评价可以帮助教师全面了解学生的学习情况，了解他们的学习进度和水平，为教学提供有力支持。个性化评价则能够更好地满足每个学生的学习需求，促进他们的个性化发展和进步。因此，综合评价与个性化评价的有机结合，将为小学数学教学的质量提升和学生的全面发展提供重要保障。

二、表现性评价工具的选择与设计

（一）表现性评价工具选择与设计的特点

1. 多样性

学科表现性评价工具应当具备多样性，以满足不同学生的评价需求和学科特点。不同的评价工具可以从不同角度观察学生的学习表现，如学习态度、合作能力、创造力等。

2. 灵活性

表现性评价工具应当具备灵活性，能够根据评价目的和学生情况进行灵活调整和应用。教师可以根据具体的评价对象和场景选择最合适的评价工具，确保评价的全面性和准确性。

3. 可靠性

表现性评价工具应当具备可靠性，能够准确地反映学生的实际水平和表现特点。评价工具的设计应当科学合理，具有较高的信度和效度，确保评价结果的客观性和可信度。

4. 实用性

表现性评价工具应当具备实用性，方便教师进行评价和反馈，同时也能够激发学生的学习兴趣和积极性。评价工具的设计应当简洁明了，易于操作，能够有效地指导教学实践和学生学习。

（二）常见的学科表现性评价工具

1. 观察记录表

观察记录表（见附录二）是教师通过观察学生在学习过程中的表现情

况而建立的记录工具，用于收集学生的学习态度、参与程度、合作能力等信息。这些记录有助于教师全面了解学生的学习状态和行为特点，为个性化教学提供重要依据。

（1）观察记录表可以帮助教师了解学生的学习态度。

学习态度是影响学生学习效果的重要因素之一。通过观察学生在课堂上的表现，如是否认真听讲、是否积极主动参与课堂讨论、是否主动完成课后作业等，教师可以初步了解学生对学习的态度和态度变化。例如，某学生可能表现出积极主动的学习态度，经常主动参与课堂讨论并认真完成作业，而另一些学生可能表现出比较消极的学习态度，对学习缺乏兴趣或动力。

（2）观察记录表有助于教师了解学生的参与程度。

学生的参与程度不仅体现在课堂上的积极参与，还包括在课外学习活动中的主动参与和投入程度。通过观察学生在课堂上的发言次数、提问频率、参与小组讨论的态度等，教师可以了解学生的参与程度。例如，一些学生可能经常主动发言、积极参与课堂活动，而另一些学生可能比较内向、不善于表达或者缺乏参与意愿。

（3）观察记录表还可以帮助教师了解学生的合作能力。

通过观察学生在小组活动、项目研究或团队任务中的表现，教师可以初步评估学生的合作能力。例如，某学生可能善于与他人合作、能够有效地与同学协作完成任务，而另一些学生可能在团队合作中表现出不合群、不愿意与他人合作或者合作效果不佳等情况。

2. 项目作品评价

评价学生完成的项目作品是教育评价中的重要环节，它能够全面反映学生的学习水平和能力发展，同时也有助于激发学生的创造力。项目作品评价不仅是对学生成果的简单评价，还是对学生综合素质和能力的考量。

（1）项目作品评价需要考查学生专业知识的运用能力。

无论是小组合作项目还是个人创作作品，都离不开对所学知识的运用。

评价者需要关注学生在项目作品中对所学知识的理解程度、运用能力和创新性。例如，学生能否将课堂所学的理论知识运用到实际项目中？能否在解决问题的过程中展现出创造性思维？

（2）项目作品评价还需要考查学生解决问题的能力和实践操作能力

项目作品通常是为了解决特定问题或实现特定目标而展开的，因此评价者需要评估学生在解决问题和实践操作过程中的表现。例如，学生在项目设计、实施和结果呈现过程中是否能够合理分析问题、有效解决问题，并将解决方案转化为实际行动。

（3）项目作品评价还需要考查学生的创造力和创新精神

创造力和创新精神是现代社会所需要的重要素质，而项目作品评价正是一个很好的展现平台。评价者需要关注学生在项目设计和实施过程中是否能够提出独特的观点和创新的想法，是否能够突破传统思维模式，寻找新的解决方案。

（4）项目作品评价还需要考查学生的合作精神和团队合作能力

很多项目作品都是通过小组合作完成的，评价者需要评估学生在小组合作中的角色定位、沟通协作能力以及团队合作效果。例如，学生是否能够有效地分工合作、协调团队关系，并最终完成既定目标。

3. 口头表达评价

评价学生的口头表达能力是教育评价中的重要组成部分，它不仅能够帮助教师了解学生的语言表达能力和逻辑思维能力，还有助于培养学生的表达能力和沟通技巧。口头表达评价（见附录三）旨在全面考量学生在演讲、讨论、解释等方面的表现，以促进其综合素质和能力的发展。

（1）口头表达评价需要考查学生的语言表达能力

语言表达是学生与他人交流和沟通的重要方式，因此评价者需要关注学生的词汇量、语法的准确性、语言的流畅度等方面。例如，学生能否清晰准确地表达自己的观点，能否正确运用语法规则并且流畅表达。

（2）口头表达评价需要考查学生的逻辑思维能力

良好的口头表达能力离不开清晰的逻辑思维，评价者需要评估学生在表达观点、解释原因或参与讨论问题时能否条理清晰、逻辑严谨。例如，学生在演讲或讨论中能否有条不紊地陈述论据并进行逻辑推理。

（3）口头表达评价需要考查学生的表达自信和表现技巧

自信的表达者往往能够更好地吸引听众的注意力，并且能够更好地表达自己的观点和意图。评价者需要关注学生在口头表达过程中能否表现出自信，能否运用适当的声音、语速和肢体语言来增强表达效果。

（4）口头表达评价应该考虑学生的语言交流和互动能力

口头表达不仅是学生单向表达自己观点的过程，还包括与他人交流和互动的过程。评价者需要评估学生在与他人交流和互动中能否倾听他人观点、回应他人提问，并且能够进行有效的互动和讨论。

三、学生自我评价与同伴评价

（一）学生自我评价与同伴评价的意义

1.学生自我评价的意义

学生自我评价在教育领域中扮演着重要的角色，它是学生自我认知和自我管理的重要手段，具有多方面的意义和价值。

（1）学生自我评价有助于促进学生的自我认知和自我理解

通过自我评价，学生可以客观地审视自己的学习情况和表现特点，深入了解自己的学习优势和不足。这种自我认知的过程可以帮助学生建立对自己的正确认识，使学生明确自己的学习目标和发展方向。

（2）学生自我评价能够激发学生的学习动机和学习兴趣

当学生意识到自己的学习状态和表现特点时，他们更有可能产生内在的动力，积极主动地参与学习过程。自我评价可以让学生意识到学习的重要性，增强他们对学习的主动性和积极性。

（3）学生自我评价有助于提高学生的学习效果和学习成绩

通过自我评价，学生可以及时发现自己学习中的不足和问题，有针对性地进行调整和提高。他们可以根据自己的评价结果，制订合理的学习计划和学习策略，提高学习效率，取得更好的学习成绩。

（4）学生自我评价有助于培养学生的自我管理能力和学习自觉性

通过自我评价，学生可以学会对自己的学习过程进行监控和管理，及时发现问题并采取有效措施加以解决。这种自我管理的能力不仅对学生的学习有益，还对他们的日常生活和职业发展具有积极的影响。

（5）学生自我评价是培养学生综合素质和能力的重要途径之一

通过自我评价，学生不仅可以了解自己的学习状况，还可以培养批判性思维、分析能力、表达能力等多方面的综合素质。这些素质和能力对学生成长和未来的发展都具有重要意义。

2. 同伴评价的意义

同伴评价在教育中扮演着重要的角色，它不仅可以帮助学生从不同的角度了解自己的学习情况和表现特点，还能够促进学生之间的合作和交流，培养学生的团队合作能力和社交技能。以下将从多个方面探讨同伴评价的意义和价值。

（1）同伴评价可以提供多样化的反馈和视角

学生之间具有不同的学习风格、思维方式和学科专长，因此，他们能够从不同的角度观察和评价彼此的学习表现。通过同伴评价，学生可以得到来自不同视角的反馈，从而更全面地了解自己的优势和不足。例如，某个同学可能更关注学习态度和合作精神，而另一个同学可能更注重学习成绩和知识掌握程度，他们的评价将为被评价者提供丰富的反馈信息。

（2）同伴评价有助于促进学生之间的合作和交流

在进行同伴评价的过程中，学生需要互相倾听、理解和尊重彼此的观点和看法，这种互动过程有助于建立良好的团队合作氛围。同时，学生在评价他人的同时也会反思自己的表现，从而更加关注自己的学习态度和行为举止。这种相互促进和相互学习的过程有助于提升整个班级的学习氛围和团队凝聚力。

（3）同伴评价可以培养学生的批判性思维和判断能力

在进行同伴评价时，学生需要客观、公正地评价他人的表现，这要求他们具备一定的批判性思维和判断能力。通过分析、比较和评价他人的表现，学生可以培养自己的批判性思维能力，提升自己的分析和判断水平。

（4）同伴评价有助于提高学生的自我认知和自我管理能力

通过接受他人的评价和反馈，学生可以更客观地审视自己的学习表现，认清自己的优势和不足。同时，他们也会反思自己的学习态度和行为习惯，有针对性地进行学习调整和改进。这种自我认知和自我管理的能力是学生终身发展和成长的重要基础。

（二）学生自我评价与同伴评价的实施方式

1. 学生自我评价的实施方式

教师可以通过以下方式引导学生进行自我评价：

（1）提供评价指导

教师可以向学生提供评价指导，明确评价的标准和要求，帮助学生了解如何进行自我评价。

（2）设计自评表

教师可以设计自评表，让学生根据自己的学习情况和表现特点进行评价，从而促进其自我反思和认知。

（3）开展学习日志

教师可以要求学生定期撰写学习日志，记录自己的学习收获和感悟，进行自我评价和反思。

2. 同伴评价的实施方式

教师可以通过以下方式引导学生进行同伴评价：

（1）小组合作评价

教师可以将学生分成小组，让组员之间相互评价和反馈，提升他们的团队合作能力和沟通技能。

（2）互评环节

在课堂活动或作业完成后，安排学生之间进行互评，让他们相互交流和反馈，相互促进，共同提高。

（3）合作项目评价

教师可以设计合作项目，让学生在合作过程中相互评价和反馈，培养他们的合作精神和团队意识。

第三节　小学数学深度学习的评价体系

一、评价数据的收集和整理

（一）数据收集的方式和方法

1.观察和记录学生的表现情况

教师在课堂教学中通过观察和记录学生的表现情况，能够获取丰富的评价数据，从而更全面地了解学生的学习状态和发展趋势。

（1）教师通过观察学生的学习态度来评价其学习情况。

学生是否积极主动地参与课堂讨论和活动。他们是保持专注、认真听讲，还是出现了走神、打瞌睡的情况。这些都能反映学生对学习的态度和重视程度。

（2）教师记录学生在课堂上的参与程度。

学生是否积极回答问题、提出疑问。学生是否愿意与同学展开交流和合作。学生是否主动参与课堂活动。学生的参与程度往往能够反映其对课程内容的理解程度和学习兴趣。

（3）教师观察学生的合作能力。

在课堂合作活动或小组讨论中，学生是否能够有效地与他人合作、沟通交流？学生是否能够尊重他人的意见并共同完成任务。学生的合作能力不仅关系到个人的学习成就，也涉及团队合作和社交技能的培养。

（4）教师需要关注学生课后作业的完成情况。

这包括作业的完成质量、及时性和认真程度等。通过观察学生是否按时提交作业，以及作业的完成是否仔细、准确，教师可以了解学生对课堂内容的掌握程度。

综上所述，教师通过观察、记录学生在课堂上的学习态度、参与程度以及课后作业完成情况等方面的表现，能够全面地评价学生的学习状况，并为个性化教学和学生的发展提供有力支持。

2. 收集学生的作品和项目成果

收集学生的作品和项目成果是评价学生综合能力和实际应用能力的重要手段之一。教师可以通过收集学生完成的项目作品、小组合作成果、个人创作作品等来全面了解学生在实际任务中的表现和成就。

（1）教师收集学生参与小组项目时的合作成果。

在小组项目中，学生需要共同协作、分工合作，完成一定的任务或项目。通过收集小组项目的成果，教师可以评价学生的团队合作能力、沟通协调能力和领导才能等。

（2）教师收集学生个人的创作作品。

这些作品可能包括个人写作、绘画、设计、手工制作等方面的创作成果。通过观察和评价学生的创作作品，教师可以了解学生的创造力、想象力、表达能力以及审美水平等。

（3）教师可以收集学生在实际任务中的表现和成就。

例如，在社会实践活动中，学生可能完成了一些实际的调查研究、社区服务或志愿活动等。通过收集这些实际任务的成果和反馈，教师可以评价学生的实践能力、解决问题的能力以及社会责任感等。

（4）教师可以收集学生在课程学习中的个人作品。

这包括课堂笔记、阅读心得、实验报告、作业等。通过收集这些个人作品，教师可以评价学生的学习态度、学习方法和学习成果。

3.记录学生的口头表达

教师在课堂上记录学生的口头表达情况，是评价学生语言表达能力和逻辑思维能力的重要途径之一。通过观察和记录学生的口头表达，可以全面了解学生的语言表达能力、沟通能力和思维逻辑能力。

（1）教师可以记录学生参与课堂讨论的情况。

在课堂上，学生是否积极主动地参与讨论？他们是否能够清晰地表达自己的观点和想法？是否能够就他人提出的问题进行思考和回答？学生的参与度和表达能力能够反映其语言表达和交流能力。

（2）教师可以记录学生回答问题的情况。

在课堂上，教师提出问题，学生是否能够迅速准确地回答？回答问题时，学生是否能够清晰地表达自己的思路和观点？学生的回答是否符合逻辑、条理是否清晰？这些都能反映学生的语言表达能力和逻辑思维能力。

（3）教师可以记录学生解释概念的情况。

在课堂上，学生是否能够准确理解和解释教师讲解的概念？是否能够用自己的语言清晰地表达出来，让其他同学理解？学生的解释能力不仅关系到其对知识的掌握程度，也反映了其语言表达和思维能力的水平。

（二）数据整理的步骤和方法

1.分类整理数据

教师在收集和整理评价数据时，可以采取多种分类方式，以便更有效地分析和解释数据。以下是对评价数据进行分类整理的几种常见方式：

（1）按学生姓名分类

教师可以根据学生的姓名将评价数据进行分类整理。这种分类方式能够帮助教师对每个学生的学习情况进行详细分析，包括学生在不同学科和不同评价指标上的表现。通过对个体学生的评价数据进行分析，教师可以发现每个学生的优势和不足，为个性化教学提供依据。

（2）按学科分类

将评价数据按学科进行分类整理有助于教师对不同学科的教学效果进行比较和分析。教师可以对每个学科的评价指标进行统计和比较，了解学生在各个学科上的学习情况和发展水平。这有助于教师针对不同学科的特点和需求，制订相应的教学策略和措施，提高教学效果。

（3）按评价指标分类

将评价数据按评价指标进行分类整理可以帮助教师深入了解学生在各个方面的表现情况。教师可以针对每个评价指标进行分析，了解学生在知识掌握、能力发展、情感态度等方面的表现情况。这有助于教师发现学生的优势和不足，有针对性地进行个性化教学和指导。

（4）按时间分类

教师可以按时间将评价数据进行分类整理，如按学期、按月份等。通过对不同时间段内学生的评价数据进行对比分析，教师可以了解学生的成长趋势和发展动态。这有助于教师及时发现学生的进步和困难，调整教学策略和方法，更好地满足学生的学习需求。

（5）按评价类型分类

将评价数据按照评价类型进行分类，如口头评价、书面评价、项目评价等。这种分类方式有助于教师对不同类型评价的结果进行分析和比较，了解各种评价方法的优缺点，为综合评价提供参考。

2. 数据汇总和统计

在教育评价中，对学生的表现进行数据汇总和统计是一项关键任务，它可以帮助教师更全面地了解学生的学习情况，并为个性化教学和教学改进提供重要参考。以下是对每个学生在不同评价指标下的表现情况进行汇总和统计的详细阐述：

（1）教师需要收集每个学生在不同评价指标下的具体数据。

这些数据可能包括成绩、表现评价、作业完成情况、课堂参与度等。教师可以根据收集到的数据对每个学生的表现进行汇总。例如，对于数学课程，评价指标可能包括基础知识掌握、问题解决能力、数学思维能力等。教师可以将每个学生在这些评价指标下的成绩或评价进行统计，得出每个学生在不同方面的表现情况。

（2）教师可以计算出每个学生在各个评价指标下的平均分或得分率等统计指标。

通过计算平均分，教师可以了解学生在整体学习水平上的表现情况。同时，计算得分率可以帮助教师评估学生在每个评价指标下的表现程度。比如某个学生在基础知识掌握方面得到了80%的分数，而在问题解决能力方面只得到了60%的分数，这可能意味着该学生在问题解决能力方面需要加强。

（3）教师可以对学生的表现情况进行分组比较或趋势分析。

比如，先将学生按照成绩或得分率进行分组，再对不同组别的学生进行比较分析，找出表现较好和较差的学生群体，以及可能存在的问题和优势。同时，教师可以对同一学生在不同时间段内的表现进行比较，分析学生的成长趋势和发展动态，及时发现学生的进步和困难。

（4）教师还可以将学生的汇总数据与课程目标和标准进行对比，评估学生是否达到了预期的学习目标。

如果发现学生在某些方面表现不佳，教师可以针对性地制订个性化教学计划，帮助学生提升相应的能力和水平。同时，教师也可以通过汇总和统计学生的表现数据，为学校、家长和学生提供详尽的学习报告，促进教育教学的改进和提升。

3. 建立评价档案

建立学生的评价档案是教师管理评价数据、跟踪学生学习进展和提供个性化教学支持的重要手段。评价档案的建立需要系统地整理和归档收集到的评价数据，并采取适当的方法和工具进行保存和管理。

（1）教师需要确定评价档案的内容和结构

评价档案包括学生的基本信息、学习成绩、评价指标得分、课堂参与情况、作业完成情况、个性化教学计划等内容。在确定档案结构时，需要考虑到评价数据的分类和层次，以便更方便地查阅和分析。

（2）教师需要收集和整理学生的评价数据

评价数据来自课堂考试、作业成绩、课堂观察记录、学习日志、项目作品等多个方面。教师应该及时将收集到的评价数据进行整理和归档，确保数据的完整性和准确性。

（3）教师选择合适的工具和方法进行评价档案的建立和管理

可以利用电子表格软件（如 Excel）、教育管理系统、评价管理平台等工具来建立评价档案，并通过建立文件夹、数据库等形式进行管理。同时，也可以采用纸质档案的形式，将评价数据整理成学生评价报告或学生成长档案册。

建立评价档案后，教师需要及时更新和维护档案内容。随着学生学习进展和教学活动的开展，评价数据将不断积累和更新。教师应该定期对评价档案进行更新和补充，确保评价数据的及时性和完整性。

（4）教师需要利用评价档案为学生提供个性化的教学支持

通过分析评价档案中的数据，教师可以了解学生的学习特点和需求，制订个性化的教学计划，并为学生提供相应的指导和支持。评价档案也可以作为教师与学生、家长进行沟通和交流的重要依据，促进教育教学的有效开展。

二、评价结果的分析与解释

评价结果的分析与解释是教师在收集和整理评价数据后的重要环节。它有助于更深入地了解学生的学习情况和发展水平以及评价过程中出现的各种现象和趋势。

（一）学生的整体表现

1. 学科基础知识掌握程度

学生在各个学科的基础知识掌握程度是评价其整体学习表现的重要指

标之一，对于教师而言，了解学生在不同学科的基础知识掌握程度，有助于制订针对性的教学计划，促进学生的全面发展。基础知识掌握程度的评价可以通过多方面的数据收集和分析来完成，包括考试成绩、作业完成情况以及课堂表现等。

（1）考试成绩

教师可以通过分析学生不同学科的考试成绩，了解他们对基础知识的掌握情况。例如，在数学课堂上，学生在代数方程的考试中取得了较高的分数，而在物理课堂上对牛顿定律的考试成绩较低，这可能暗示着学生对数学方面的基础知识掌握较为扎实，但在物理方面还存在一定的欠缺，需要进行针对性的弥补和加强。

（2）作业完成情况

教师可以通过分析学生的作业完成情况，了解他们在学习过程中对基础知识的掌握情况。例如，学生能否独立完成作业？作业的完成质量如何？是否存在基础知识掌握不牢固导致的错误？通过对作业完成情况的分析，教师可以发现学生在基础知识方面的薄弱环节，有针对性地进行辅导和指导。

（3）课堂表现

教师可以通过观察学生在课堂上的回答问题、参与讨论、解释概念等表现，了解他们对基础知识的掌握情况。例如，学生能否迅速准确地回答老师提出的问题？能否清晰地表达自己的观点和想法？能否对概念进行正确地解释和运用？通过对学生课堂表现的观察和分析，教师可以了解学生对基础知识的理解程度和掌握情况。

2.解决问题的能力

学生解决问题的能力是其学习成就和学科应用能力的重要体现，也是评价学生综合素质的重要指标之一。解决问题的能力不仅包括学生在课堂上解决学科问题的能力，还包括在实际生活和工作中应对各种挑战和困难的能力。通过分析学生在不同场景下解决问题的能力，可以全面评价其综合素质和学习水平。

（1）教师分析学生在课堂上的讨论表现

在课堂讨论中，学生需要运用所学知识，分析问题，提出解决方案，并与同学展开讨论和交流。通过观察学生在讨论中的表现，教师可以评估其解决问题的能力。例如，学生能否提出合理的观点和建议？能否对问题进行深入的分析和思考？能否与同学进行有效的交流和合作？这些都能反映学生解决问题的能力。

（2）教师分析学生在解决实际问题时的能力

实际问题通常更贴近生活和工作，要求学生能够灵活运用所学知识和技能解决实际的挑战和困难。例如，学生参与科学实验时，能否独立操作仪器、分析实验结果并提出合理的结论？在社会实践活动中，学生能否理解并解决实际问题？通过对学生在实际问题解决过程中的表现进行分析，教师可以评估其解决问题的能力。

（3）教师分析学生在应试能力方面的表现。

虽然应试能力不能完全代表学生的问题解决能力，但在一定程度上也反映了学生的综合素质和学习水平。例如，学生在考试中能否准确理解题目要求、合理解题、有效组织答案？能否在有限的时间内完成考试任务？这些都是评价学生应试能力的重要指标，也间接反映了其解决问题的能力。

3. 思维逻辑能力

学生的思维逻辑能力是评价其学习成就和学科应用能力的重要指标之一，也是衡量其综合素质和学术水平的重要依据。通过分析学生在课堂上的思维活动、逻辑推理和写作表达等方面的数据，可以全面评估学生的思维逻辑能力。

（1）教师分析学生在课堂上的思维活动

在课堂教学中，学生需要进行大量的思维活动，包括理解问题、分析问题、提出解决方案等。通过观察学生在课堂上的思维活动，可以了解其思维逻辑能力的发展情况。例如，学生能否快速准确地理解问题的要求？能否运用逻辑推理的方法解决问题？能否提出合理的解决方案？这些都能反映学生的思维逻辑能力水平。

（2）教师分析学生的逻辑推理能力

逻辑推理是思维逻辑能力的重要组成部分，它包括从已知条件出发，推导出新的结论或解决问题的能力。例如，在数学课堂上，学生需要进行严密的逻辑推理，推导出数学定理或证明数学问题。通过分析学生在解题过程中的逻辑推理能力，教师可以了解其逻辑思维的严谨性和逻辑推理的有效性。

（3）教师分析学生在写作表达方面的能力

写作表达是思维逻辑能力的重要体现之一，它要求学生能够清晰地表达自己的思想和观点，并用逻辑严密的语言组织论述。例如，在语文课堂上，学生需要撰写文章或作文，表达自己的观点和感想。通过分析学生的写作表达能力，教师可以了解其思维逻辑能力的发展情况，发现存在的问题并加以改进。

4. 创造性和创新性

评估学生的创造性和创新性是教育评价中至关重要的一环，它反映了学生在知识运用和问题解决方面的独立思考能力。通过分析学生在课堂上的提问、思考、作业完成以及课外拓展活动等方面的数据，可以全面评估学生的创造性和创新性。

（1）教师观察学生在课堂上的提问和思考

创造性和创新性的表现之一就是学生能否提出富有洞见的问题，并且能够深入思考问题背后的原理和逻辑。通过分析学生在课堂上的提问和思考，教师可以评估其创造性和创新性水平。例如，学生能否提出超出教材范围的问题？能否从多个角度思考问题，并提出独特的见解？这些都是评价学生创造性和创新性的重要依据。

（2）教师分析学生在作业完成方面的表现

创造性和创新性在学生的作业中也应该有所体现。例如，学生能否运用所学知识，提出独特的解决方案？能否将多种知识领域进行有机结合，提出创新性的观点或见解？通过分析学生在作业中的表现，可以评估其创造性和创新性的水平。

（3）教师观察学生在课外拓展活动中的表现

课外拓展活动通常是学生展示创造性和创新性的重要场合，如科技竞赛、学术研究项目、艺术作品展示等。通过观察学生在这些活动中的表现，教师可以评估其创造性和创新性水平。例如，学生能否提出新颖的项目构想？能否将所学知识应用到实践中，并取得创新性成果？这些都是评价学生创造性和创新性的重要指标。

（二）学生的个性特点

1. 学习方式的差异

学生的学习方式因个体差异而存在多样性，教师需要根据学生的个性特点，灵活调整教学方法和资源。通过观察学生在不同学科的学习过程中的偏好以及反馈，可以分析其学习方式的差异。例如，一些学生可能更偏好通过听觉方式学习，倾向于倾听讲解和教师的演示；而另一些学生可能更适应通过实践操作进行学习，更喜欢参与实验或实地考察。

2. 学习习惯的形成

学生的学习习惯对于其学业成绩和学习效果有着重要影响，因此教师需要关注学生学习习惯的形成过程及特点。通过观察学生在学习中的行为表现，如课堂笔记记录、作业完成情况、复习安排等，可以分析学生的学习习惯。例如，一些学生可能具有良好的自我管理能力，能够按时完成作业并做好复习计划，而另一些学生可能存在拖延的不良习惯，需要教师的引导和规范。

3. 兴趣爱好的影响

学生的兴趣爱好对于其学习动力和学习效果有着重要影响，因此教师需要了解学生的兴趣爱好，并在教学中尽可能地结合学生的兴趣进行教学设计。通过观察学生在课堂上的参与度和兴趣表现，可以分析其兴趣爱好的影响。例如，某学生对于历史文化感兴趣，喜欢阅读相关书籍和参加文化活动，教师可以通过引导学生进行历史文化探索和讨论，激发其学习兴趣。

（三）学生的成长趋势

1. 学习表现的时间变化

学生的学习表现随着时间的推移可能会出现变化，这反映了其学习态势和发展趋势。通过对学生在不同时间段内的学习表现数据进行对比分析，可以揭示学生的成长趋势。例如，某学生在学期初期可能由于适应期较长或对新知识不够熟悉而表现平平，但随着学习的深入和适应期过后，其学习表现可能逐渐提升，呈现出稳步上升的趋势。

2. 学习动力的变化

学生的学习动力对于其学习态度和学习效果有着重要影响，而学习动力可能随着时间和学习环境的变化而产生变化。通过观察学生在不同学习阶段的学习积极性和参与度，可以分析其学习动力的变化趋势。例如，某学生在学期初期可能由于新鲜感或目标明确而表现出较高的学习动力，但随着学期的推进或遇到学习困难，其学习动力可能出现波动或下降的情况，需要及时调整教学策略以激发学生的学习热情。

3. 学习策略的调整

学生在学习过程中可能会根据自身的学习经验和反思对学习策略进行调整和优化，以适应不同学科和学习任务的需求。通过观察学生在学习过程中采取的学习策略和应对方法，可以分析其学习策略的变化趋势。例如，某学生在初中阶段可能更倾向于采用死记硬背的学习方式应对考试压力，但到了高中阶段可能意识到理解和思考的重要性，开始尝试采用更深层次的学习策略。

三、评价体系的建立与优化

（一）评价体系的建立

1. 确定评价目标和指标

（1）明确评价的目标

评价体系的建立需要明确评价的目标，即评价所要达到的目的和期望的效果。教学目标、学生需求和课程要求是确定评价目标的重要依据。通过分析教学目标的层次和内容，可以将评价目标细化为不同层次和方面，以全面反映学生的学习情况和发展水平。例如，针对数学课程，评价目标可以包括数学基础知识的掌握程度、问题解决能力、数学思维能力等方面。

（2）选择合适的评价指标

在确定评价目标的基础上，需要选择合适的评价指标，即用于衡量和评估学生在不同方面表现的具体标准和指标。评价指标应该具有客观性、可操作性和有效性，能够全面反映学生的学习情况和能力水平。

2. 选择合适的评价方法和工具

（1）选择合适的评价方法和工具

评价体系的建立需要选择合适的评价方法和工具，以实现对评价指标的准确测量和评估。常用的评价方法包括考试、测验、作业、课堂观察、项目评估等。不同的评价方法适用于不同的评价目标和指标，教师需要根据具体情况选择合适的评价方法。

（2）评价工具应具有标准化、客观性和可靠性

评价工具的设计和制订也是评价体系建立的重要环节，评价工具应当具有标准化、客观性和可靠性，能够有效地反映学生的学习情况和能力水平。例如，针对数学问题解决能力的评价可以采用解答题或应用题，而针对创造性思维能力的评价可以采用开放性问题或探究性任务。

3. 制订评价流程和组织结构

评价体系的建立需要制订评价流程和组织结构，以确保评价活动的有

序进行和有效实施。评价流程包括评价活动的计划、实施、收集、分析和反馈等环节，需要合理安排和明确责任，确保评价活动的科学性和公正性。评价组织结构包括评价的主体、评价的参与者以及评价的管理和监督机制，需要明确各方的责任和权利，建立有效的沟通和协作机制。例如，评价活动可以由学校教研组织负责统筹安排，教师团队负责具体实施，学生和家长参与评价结果的反馈和讨论，形成多方参与、协同配合的评价机制。

（二）评价体系的优化

1. 基于评价结果的反馈和调整

评价体系的优化需要基于评价结果的反馈和分析，对评价目标、指标、方法和工具进行及时调整和完善。通过分析评价结果的差异和趋势，可以发现评价体系存在的问题和不足之处，进而采取相应的改进措施。例如，如果评价结果显示某个评价指标的测量效度较低，可能需要重新设计评价方法或修改评价工具，以提高评价的准确性和可靠性。同时，教师还可以根据评价结果对教学策略和方法进行调整和优化，以更好地满足学生的学习需求和提高教学效果。

2. 持续性的评价体系建设

评价体系的优化是一个持续性的过程，需要不断地进行评价体系建设和改进。教师和教育管理者应该定期对评价体系进行评估和审视，及时发现和解决存在的问题，并根据教学和学生的实际情况进行灵活调整。同时，评价体系的优化还需要与教学改革和课程发展相结合，与时俱进地更新评价目标和指标，引入新的评价方法和工具，以适应教育教学的不断发展和变化。

3. 充分考虑教师和学生的反馈意见

评价体系的优化需要充分考虑教师和学生的反馈意见，建立起共享和协作的评价机制。教师可以通过教学实践和研究不断积累经验，提出评价体系的改进建议，促进评价体系的不断完善和提高。同时，学生也应该被视为评价体系的参与者和主体之一，其对于评价过程和结果的反馈意见应该得到重视和采纳，以实现评价的公正和客观。

（三）结合教学实践的评价体系建设

1.借鉴先进经验和理论

评价体系的建设需要结合教学实践，借鉴国内外先进的评价理论和实践经验，积极吸收各种评价方法和工具的优点，形成适合本校特色和教学需求的评价体系。通过研究国内外相关文献和案例，可以深入了解不同评价模式和方法的优缺点，为评价体系的建设提供参考和借鉴。

2.注重多元化评价

评价体系的建设应该注重多元化评价，不仅要考虑学生的学科知识和技能水平，还要兼顾其综合素质和个性发展。因此，在建设评价指标和方法时，应该涵盖知识、能力、情感态度和价值观等多个方面，采用多种评价方法和工具，如考试、作业、项目评价、课堂表现评价、实践能力评价等，以全面、客观地了解学生的学习情况和发展水平。

3.强化反馈和改进机制

评价体系的建设应该强化反馈和改进机制，及时将评价结果反馈给教师、学生和家长，促进他们对评价结果的理解和接受，并根据评价结果采取相应的改进措施。教师可以根据评价结果对教学内容和方法进行调整和优化，以提高教学效果；学生可以根据评价结果及时调整学习策略和方法，提升学习成绩和能力水平；家长可以通过评价结果了解学生的学习状况和需求，给予适当的支持和指导。

4.建立信息化评价平台

评价体系的建设可以借助信息化技术，建立在线评价平台，实现评价过程的信息化、数字化和智能化。通过在线评价平台，可以实现评价数据的实时采集、统计和分析，方便教师对学生学习情况的跟踪和管理，提高评价效率和准确性。同时，学生和家长也可以通过在线评价平台随时查看评价结果和反馈意见，加强与教师的沟通和互动，促进学生的自我管理和发展。

第七章 深度学习背景下教师角色的转变与专业发展

第一节 深度学习背景下的教师角色

一、传统教学模式下的教师角色

（一）知识传授者

1. 课堂讲解

在传统教学模式下，教师通常通过课堂讲解来向学生传授数学知识。他们会充分准备教学内容，并运用各种教学方法和案例来解释数学概念和原理。教师的讲解通常是重点和核心内容，学生则通过倾听和记录来获取知识。

2. 板书

板书作为传授知识的重要方式之一，在传统教学中扮演着重要的角色。教师会在黑板或白板上书写关键的数学公式、定理和例题，以帮助学生更直观地理解和掌握知识。通过清晰的板书，教师能够有效地呈现数学内容，引导学生进行思考和学习。

3. 教材

教材是传统教学中的主要教学工具之一，教师通常会根据教学大纲和教材内容来设计课堂教学。教师结合教材的内容，选择合适的章节和习题进行讲解和练习，帮助学生逐步掌握数学知识和技能。教材作为教学的依托，为教师和学生提供了统一的学习参考。

（二）学习监督者

1. 学习计划的制订

在传统教学中，教师扮演着学习计划的制订者的角色。他们根据教学大纲和课程要求，设计每节课的教学内容和学习目标，并制订学生的学习计划。通过合理安排课程进度和内容，教师能够帮助学生有效地掌握数学知识。

2. 作业和任务的布置

教师负责布置适当的作业和任务，以巩固和扩展学生在课堂上所学的知识。作业可以是练习题、阅读材料或实验报告等形式，旨在帮助学生加深对数学知识的理解和运用。教师会根据学生的实际情况和学习进度来调整作业的难度和数量，以促进学生的学习效果。

3. 考试和评估

教师定期组织考试和测验，对学生的学习情况进行评估和反馈。通过考试成绩和平时表现等方面的评估，教师能够了解学生的学习进展和困难，及时调整教学策略和方法。评估结果也可以作为学生学习的反馈和激励，帮助他们更好地提高学习效果。

二、深度学习背景下的教师角色

在深度学习背景下，小学数学教师的新角色主要包括以下几个方面：

（一）引导者和启发者

1. 提出问题

在深度学习背景下，教师不再简单地向学生传授知识，而是通过提出引人思考的问题，激发学生的好奇心和求知欲。教师可以设计一些开放性的问题，引导学生思考和探索，促使他们从不同的角度去理解和解决数学问题。

2. 激发思考

教师通过启发性的教学方法，激发学生的思维能力和创造力。他们可以通过讨论、案例分析、实验等方式，引导学生深入思考数学问题的本质和解决方法，培养他们的逻辑思维和解决问题的能力。

3. 引导与探索

教师在教学中扮演着引导者的角色，帮助学生自主探索和发现知识。他们可以组织学生进行小组讨论、课堂演示、实践活动等形式的学习，引导学生积极参与到数学学习中，从而提高他们的学习兴趣和学习动力。

（二）学习设计者

1. 个性化的学习任务

教师需要根据学生的不同能力水平和学习需求，设计个性化的学习任务和活动。通过分层教学、小组合作、项目研究等方式，满足学生多样化的学习需求，提高他们的学习积极性和成就感。

2. 探究性学习活动

教师可以设计丰富多样的探究性学习活动，引导学生主动参与到数学学习中。例如，设计数学游戏、拓展性任务、实验探究等活动，培养学生的实践能力和创新思维，激发他们对数学的兴趣和热情。

3. 技术辅助教学

教师可以充分利用现代技术手段，设计互动性强、趣味性高的学习任务和活动。通过教学软件、在线资源、虚拟实验等工具，丰富教学内容，提高教学效果，激发学生的学习兴趣和积极性。

（三）学习资源的管理者

1. 数字化教材

教师需要熟练运用数字化教材，结合课程特点和学生需求，灵活选择和调整教学内容。数字化教材具有多样性、互动性和个性化特点，能够有效地满足学生的学习需求，提高教学效果。

2. 网络资源

教师可以利用互联网上丰富的资源，为学生提供更广阔的学习空间和更丰富的学习内容。例如，教学视频、在线课程、网络课件等资源，可以为学生提供直观、生动的学习体验，拓宽他们的学习视野和知识广度。

3. 教学工具

教师可以利用各种教学工具，如数学软件、教学装备等，丰富教学手段，提高教学效果。这些教学工具可以帮助学生更直观地理解抽象的数学概念，激发他们的学习兴趣和动力，提升他们的学习成绩。

（四）学习评价者

1. 多元化的评价方式

教师需要采用多元化的评价方式，全面评价学生的学习表现和发展情况。除了传统的笔试和口试外，还可以采用项目评价、作品展示、实践报告等方式，综合评价学生的学习能力和素养。

2. 个性化的评价反馈

教师需要根据学生的实际情况和学习需求，给予个性化的评价反馈和指导建议。通过及时的评价反馈，帮助学生发现自己的学习优势和不足，激发他们的学习动力和改进意识，促进他们持续地进步和成长。

三、教师与学生关系的转变

在深度学习背景下，教师与学生之间的关系也发生了转变。主要表现在以下几个方面：

（一）平等性

1. 建立合作伙伴关系

在深度学习背景下，教师与学生之间建立起更加平等的关系，彼此视为合作伙伴。教师不再是单方面的权威，而是与学生共同探索、共同学习的参与者。教师尊重学生的意见和观点，鼓励他们发表自己的想法，共同构建知识体系。

2. 开放性交流

教师与学生之间开展开放性的交流和对话，倾听学生的声音，了解他们的需求和困惑。教师通过与学生建立平等的沟通渠道，促进双方的互动和交流，共同推动学习的深入进行。

3. 尊重个体差异

教师尊重每个学生的个体差异，不以学生的成绩或能力评价其价值。他们关注学生的成长过程，注重培养学生的自信心和自尊心，鼓励他们勇于表达、尝试和创新。

在深度学习背景下，教师与学生之间的关系更加平等，建立在合作伙伴的基础上，促进双方共同成长和发展。

（二）信任与支持

1. 信任学生的能力

教师给予学生更多的自主权，相信他们具备独立思考和解决问题的能力。教师相信学生，鼓励学生展现自己的创造力和想象力。

2. 提供必要的支持

教师在给予学生信任的同时，也提供必要的支持和指导。他们关注学生的学习进展和困难，及时给予帮助和支持，促进学生的学习和成长。教师通过与学生密切合作，共同克服困难，实现共同的学习目标。

3. 鼓励积极探索

教师鼓励学生积极探索和实践，勇于尝试新的想法和方法。他们给予学生足够的自由度和空间，让他们在实践中发现问题、解决问题，从而提高他们的学习动力和自主学习能力。

在深度学习背景下，教师与学生之间建立起信任与支持的关系，相互信任、相互支持，共同推动学习的深入进行。

（三）个性化关怀

1. 了解个体需求

教师注重了解每个学生的个性特点和学习需求，通过个性化的关怀和指导，帮助他们充分发展潜力。教师关注学生的兴趣爱好、学习方式和学习困难，针对性地给予帮助和支持。

2. 提供个性化学习机会

教师为学生提供个性化的学习机会，满足他们不同的学习需求和兴趣。通过分层教学、个性化作业、项目选择等方式，激发学生的学习兴趣和动力，促进他们的个性化发展。

3. 关怀和鼓励

教师给予学生充分的关怀和鼓励，帮助他们建立自信心和自尊心。教师关注学生的情感状态和心理健康，积极引导他们树立正确的学习态度和人生观，激发他们的学习潜能和创造力。

在深度学习背景下，教师与学生之间建立起个性化关怀的关系，通过了解学生的个性需求和提供个性化支持，促进他们全面发展和个性化成长。

第二节　深度学习背景下教师专业发展的策略与支持体系

一、教师专业发展的需求与挑战

（一）教师专业发展的需求

1. 适应深度学习的理念和方法

（1）培养学生的自主学习和探究能力

小学数学教师需要学习并理解深度学习的核心理念，将传统教学模式转变为注重学生主动参与和自主思考的教学方式。他们需要掌握合适的教学策略，激发学生的学习兴趣和主动性。

（2）引导学生解决问题和进行批判性思考

深度学习要求学生能够对真实世界中的问题进行思辨、质疑和解决，小学数学教师需要提升自己解决问题和批判性思考的能力，以更好地引导学生进行深度学习。

2. 提升教学能力和专业素养

（1）熟悉数学学科知识和教学内容

小学数学教师需要深入研究数学学科知识体系和教学内容，不断提升自己的数学素养和教学水平。他们要了解不同年级的数学学习目标和教学要求，掌握数学教材和教学资源的有效使用方法。

（2）掌握多样化的教学方法和工具

深度学习需要运用多样化的教学方法和工具，小学数学教师需要学习和掌握多种教学方法和技巧，如探究式学习、合作学习、游戏化学习等，以满足不同学生的学习需求。

（3）发展教学反思和改进能力

小学数学教师需要不断进行教学反思和改进，在实践中积累经验和教训，并根据学生的反馈和表现调整自己的教学方法和策略。他们应该主动参加教研活动、交流经验、进行教学研究，不断提高自己的教学能力和专业素养。

（二）教师专业发展的挑战

1. 教学理念转变的困难

对传统教育模式有着长期经验的教师可能在理解和接受深度学习理念上遇到困难。他们需要面对教学方式的转变，并循序渐进地调整自己的教学方法，适应深度学习环境的要求。

2. 缺乏相关培训和支持

对深度学习方法和教学方式不熟悉的小学数学教师可能面临培训和专

业支持的缺乏。他们需要获得相关的培训和指导，以提升自己的教学能力和专业素养。

3. 应对不同学生需求的挑战

教师需要适应不同学生的学习需求和学习节奏，为每个学生提供个性化的学习支持。这对教师的差异化教学能力提出了挑战，需要教师不断探索和实践，找到最适合每个学生的教学方法和策略。

4. 时间和职务压力

教师在应对教学和学生管理方面都面临着时间和职务压力。他们需要合理安排时间，平衡各项工作，确保专业发展和个人生活的平衡。

二、教师培训与教育资源支持

为了支持小学数学教师的专业发展，教育部门和学校可以开展各种形式的教师培训活动，并提供丰富的教育资源支持。

（一）教师培训

1. 线上线下培训课程

为了促进教师专业发展并适应深度学习理念和方法的需求，我们可以组织专业的线上线下培训课程。这些培训课程将涵盖广泛的主题，包括但不限于深度学习理念和方法、教学技能和策略、课堂管理和评估等内容。通过专家讲座、案例分析、教学实践等方式，教师们将有机会全面提升他们的教学水平和专业素养。

在线上培训方面，我们可以利用视频会议工具或在线学习平台，邀请教育专家和学术研究者进行专题讲座和分享。专家可以详细介绍深度学习理念的本质和应用，解析教学技能和策略的实际操作，提供课堂管理和评估的有效方法。通过在线课程，教师们可以随时随地参与学习，自主安排学习时间，提高学习效率。

线下培训提供了更多实践和互动的机会。我们可以组织专题研讨会、工作坊和实地教学观摩活动，让教师们亲身体验和学习。在专家指导下，教师们可以结合具体案例，探讨教学中的挑战和解决方案，共同研究深度学习理念在数学教学中的应用。同时，在教学实践环节，教师们可以尝试新的教学策略，通过互动和反馈不断改进教学方法，提高教学效果。

此外，为了加强教师专业发展的连续性和深度，我们还可以建立导师制度和学习共同体。通过与资深教育专家和经验丰富的教师对话交流，新晋教师可以得到更多实战经验和指导，加速成长；同时，学习共同体可以提供一个开放的学习平台，让教师们相互启发、互相学习，形成良好的专业学习氛围。

2. 专题研讨会

定期组织小学数学教师的专题研讨会是促进教师之间交流和分享的重要途径。这些研讨会旨在为教师提供一个相互学习、互相启发的平台，让他们能够分享教学经验、教学方法、教材使用等方面的心得。通过这种形式的交流和讨论，教师们可以共同探讨并解决教学中的问题和困难，提升教学效果。

（1）在专题研讨会上，教师们可以分享自己的教学经验

每位教师都有各自的教学特点和方法，通过分享自己的经验，可以让其他教师了解到不同的教学策略和技巧，从而丰富自己的教学工具箱。例如，一位教师可以分享自己在教学实践中所遇到的挑战以及应对措施，借此启发其他教师的思考。

（2）专题研讨会还可以提供一个讨论教学方法的平台

不同的教学方法适用于不同的学生群体和教学内容，而教师们可以通过研讨会共同探讨不同方法的优缺点、适用场景以及实施过程中的注意事项。例如，一位教师可以介绍自己在教学过程中采用的探究式学习法或合作学习法，并和其他教师一起思考如何将这些方法融入数学教学中，从而激发学生的学习兴趣和动力。

（3）在专业研讨会上，教师们可以分享和探讨教材的使用

教材是教学的基础，而不同教材之间存在着差异，教师们可以在研讨会上分享自己对教材的理解和使用心得，共同交流如何根据教材的特点设计教学活动、选择适当的习题以及引导学生进行深度学习。

（4）专业研讨会还可以邀请专家举办讲座和指导

专家可以从理论角度介绍最新的教育科学成果和研究进展，并提供启发性的意见和建议。这样的活动能够打破教师自身认知的局限性，拓宽教学思路，并提供更深入的教学参考和引导。

3.教学观摩活动

教学观摩活动是促进教师专业发展的重要举措之一。通过组织教学观摩活动，我们可以邀请优秀的教师进行教学示范，让其他教师观摩学习。这为教师们提供了一个难得的机会，能够亲身感受和学习优秀教师的教学过程和方法，从而启发他们的教学思路，提高教学水平。

教学观摩活动的核心在于学习优秀教师的教学实践。通过观摩，教师可以近距离地观察和体验优秀教师的教学过程、教学技巧和教学氛围。他们可以借此机会学习并吸纳那些行之有效的教学方法，了解如何引导学生主动参与到学习中，如何激发学生的学习兴趣和动力。例如，教师可以观摩到优秀教师在教学过程中是如何设计问题引发学生思考，如何给予积极地反馈和指导，等等。

在教学观摩活动中，还可以进行互动和反思。教师可以与优秀教师进行交流和讨论，分享彼此的教学经验和视角。这种互动可以促进教师深入思考自己的教学实践，发现可能存在的问题和不足，并寻求改进和提高的方法。同时，教师也可以向优秀教师请教，咨询一些教学难题和疑惑，获得宝贵的建议和指导。

除了观摩优秀教师的教学，教学观摩活动还可以结合教师的具体需求，设置特定主题或领域的观摩内容。例如，围绕某一数学教学策略、学生能力的培养、课堂评价等方面展开观摩活动，有针对性地提升教师在这些方面的教学能力。

值得一提的是，在教学观摩活动中，组织者应该选取具有一定教学水平和成功经验的教师作为示范对象，确保观摩的有效性。同时，也需要注重保护教师的隐私权，确保教师在观摩环节中的舒适度和自由表达。

（二）教育资源

1.数字化教材

数字化教材在当代教育中扮演着越来越重要的角色。提供优质的数字化教材资源，包括电子教材、教学视频、互动课件等，可以为教学内容注入新的活力，丰富学习体验，提供多样化的学习资源，从而更好地满足学生的个性化学习需求和教学多样性。

数字化教材能够使教学内容更加生动直观。通过电子教科书，学生可以以互动的方式学习知识，如通过音频、视频等形式呈现内容，激发学生的学习兴趣。教学视频可以将抽象难懂的概念通过图像和声音呈现出来，帮助学生更好地理解和掌握知识。

数字化教材提供了更灵活的学习方式。学生可以根据自身的学习节奏和喜好，在任何时间、任何地点进行学习，不再受纸质教材的局限。同时，学生还可以通过互动课件进行自主学习，参与课堂互动，深化对知识的理解和运用。

数字化教材具有可持续更新的特点。教师可以根据学科发展和课程变化，随时更新数字化教材内容，确保学生获取到最新的知识和信息。这种灵活性和实时性能够提升教学效果，让教学与时俱进。

除了提供电子教材，数字化教材还可以结合在线资源和互联网技术，丰富学习内容。例如，教育平台上的在线课程、教学资源库、作业管理系统等，提供了更加多元化的学习资源和交流平台，促进学生自主学习、合作探究和实践应用。

值得一提的是，数字化教材的开发和应用需要教育者和技术人员共同合作。只有教育专家和技术团队密切配合，才能确保数字化教材的质量和有效性。同时，对教师和学生进行相关的培训和指导也是实施数字化教材计划的重要环节，以确保他们能够正确并有效地利用这些资源。

2. 教学工具

针对数学教学，数学软件和教学装备等教学工具的有效运用可以极大地帮助教师提升教学质量，激发学生学习的兴趣，从而达到更好的教学效果。

（1）数学软件是一种十分有力的教学工具。

利用数学软件，教师可以为学生展示抽象概念、复杂问题的解题过程，提供直观的视觉效果和立体的教学体验。比如，数学软件能够呈现数学公式的推导过程、几何图形的旋转变换、数学模型的仿真实验等，让学生在视觉上直观地感受数学的实用性和美妙，激发他们对数学的学习兴趣。

（2）教学装备是教学中不可或缺的一部分。

互动式白板、数学实验器材、三维几何模型等教学装备都可以帮助教师寓教于乐，生动形象地向学生展示数学知识，提高课堂学习的氛围和互动性。通过实物展示和互动操作，学生能够更深入地理解数学概念，锻炼自己的操作技能，培养解决实际问题的能力。除了数学软件和教学装备，还可以结合现代科技手段，为教师提供更多个性化、定制化的教学工具。例如，人工智能辅助教学系统、虚拟现实技术、在线资源库等，都能够为教师的教学带来更多可能性和便利。这些先进的教学工具能够大大降低教学难度，增加教学灵活性，提升教学效果。

为了保证教学工具的有效使用，教育管理者需要制定相关政策法规，明确教师可以使用哪些教学工具，如何进行培训和指导，以及如何评估教学效果。此外，还需要为教师提供更多的专业培训和技术支持，让他们能够熟练掌握各类教学工具，灵活运用于教学实践中。

3. 教育平台的建设

教育平台的建设是推动教育现代化和促进教学改革的重要举措之一。教育平台可以为教师提供一个集在线教学资源、教学设计工具、学习支持等功能于一体的综合平台，以便他们更方便地进行教学设计、教学管理和教学评估，从而提高教学效果。

（1）教育平台提供丰富多样的在线教学资源

这包括数字化教材、教学视频、教学课件、在线习题库等各种形式的教学内容，覆盖各个学科和年级。教师们可以根据自己的教学需求，灵活选择和使用这些资源，为课堂教学提供有力支持，使教学内容更加生动、直观，激发学生的学习兴趣。

（2）教育平台提供强大的教学设计工具和辅助功能

教师可以在平台上进行课程设置、教学计划编制、作业布置等教学设计工作，实现教学过程的系统化和规范化管理。同时，平台还可以提供数据分析、教学评估等功能，帮助教师及时了解学生的学习情况，调整教学策略，促进个性化教学和因材施教。

（3）教育平台是教师之间交流分享教学经验、资源的重要平台

在教育平台上，教师们可以发布教学心得、教学反思、优秀课例等内容，与同行进行交流讨论，相互启发、互相学习。这有助于促进教学资源的共享和传播，推动教学经验的交流与积累，不断提升教师的专业水平和教学质量。

除此之外，为了提高教育平台的实用性和效益，需要进行专门的培训和指导工作，帮助教师熟练掌握教育平台的操作技能，充分发挥其功能和价值。同时，还需要注重平台内容的更新和优化，保持内容的新鲜度和时效性，以满足不断变化的教育需求和教学发展。

第三节 深度学习背景下教师培训与培养的实施与评价

一、深度学习背景下教师培训方案的设计与实施

（一）需求分析

1. 教师满意度的调查

教师满意度的调查在教师培训中扮演着至关重要的角色。通过定性和定量分析，可以全面了解教师对深度学习的认知水平、兴趣程度和对培训的期望。通过问卷调查收集数据，可以深入探究教师对深度学习教学的需求，为制订针对性的培训方案提供重要参考。

在教师满意度调查中，可以采用定性和定量相结合的方法，既收集教师的主观感受和意见，又通过数据分析得出客观结论。定性分析可以通过开放性问题或描述性问题，了解教师对深度学习的理解和认知水平，以及他们对于深度学习教学的期望。通过定性分析，可以捕捉到教师内心深处的想法和需求，为培训方案的设计提供思路和方向。

定量分析可以通过闭合性问题或量表测量，获取教师对深度学习的态度、兴趣程度以及对培训内容和形式的满意度。通过定量分析，可以对教师的整体态度和看法进行量化评估，进一步了解教师对深度学习的接受程度和期待，为制订针对性的培训计划提供数据支持。

在问卷设计中，可以包括诸如深度学习的基本概念、教学方法和应用案例等方面的问题，以全面了解教师对深度学习的理解和认知情况；同时也可以询问教师对于参与深度学习教师培训的态度和意愿以及对培训内容和形式的期望与建议。通过问卷调查收集到的数据，可以为培训机构提供重要的参考和依据，指导其制订针对性的培训方案，满足教师的学习需求和提升期望。

2. 教学观察

教学观察在教师培训中扮演着至关重要的角色。通过观察教师的课堂教学，可以全面了解他们目前的教学方式和策略及是否存在需要改进的地方。重点关注教师在教学过程中是否能够有效地引入现代技术和教学资源，以支持深度学习的理念和方法。

在进行教学观察时，观察者应当着重关注教师的教学方法和策略。他们需要观察教师在课堂上的表现，包括教学组织能力、教学内容的设计与传授、与学生的互动方式等方面。通过观察教师的教学方式，可以评估其对深度学习理念和方法的理解和应用程度，以及是否能够有效地将其融入教学实践中。

此外，教学观察还需要重点关注教师是否能够有效地引入现代技术和教学资源。深度学习教育注重利用先进的技术手段和丰富的教学资源来支持教学活动，因此教师在教学过程中是否能够灵活运用各种技术工具和教学资源显得尤为重要。观察者可以关注教师是否使用了数字化教学板书、多媒体教学课件、在线教学平台等现代化教学工具，以及是否能够利用互联网资源和在线学习平台进行教学辅助和资源共享。通过观察教师是否能够有效地利用现代技术和教学资源，可以评估其教学水平和专业素养，为其提供针对性的培训和指导。

3. 个体访谈

个体访谈是教师培训中非常重要的一环。通过与教师进行深入的个体访谈，可以更好地了解他们对深度学习的理解和认知及对培训方案的期望和建议。这种个性化的交流方式能够深入挖掘教师的需求和意见，为制订个性化的培训方案提供重要参考。

在个体访谈中，可以针对每位教师的教学背景、专业领域和个人兴趣展开深入的探讨。

（1）了解教师对深度学习的认知情况

可以了解教师对深度学习的理解和认知情况，包括其对深度学习的基本概念、原理和应用领域的理解程度，以及对深度学习在教育领域中的价值和意义的看法。通过深入了解教师对深度学习的认知，可以为后续培训内容的设计提供方向。

（2）探讨教师对培训方案的期望和建议。

了解教师对培训内容、形式、时间安排等方面的期望和需求，包括希望学习哪些具体的深度学习理念和方法，希望通过培训达到什么样的教学效果，以及对于培训形式和教师师资的期望和建议等。通过听取教师的意见和建议，可以更好地调整和优化培训方案，提高培训的针对性和实效性。

（3）提供一个交流的平台

个体访谈可以为教师提供一个倾诉和交流的平台，让他们能够畅所欲言地表达自己的想法和需求。这种开放式的交流方式有助于建立起师生之间的信任和沟通，促进双方之间的理解和共鸣，为深度学习教师培训提供更加良好的基础和保障。

（二）培训内容

1.深度学习的理念

深度学习是针对教学实践中存在大量的机械学习、死记硬背、知其然不知其所以然的浅层学习现象而提出的。这里的"深度"是指学生的深度学习。教师要用恰当的方法提升学生的深度学习。深度学习并不只是为了促进学生高级认知和高阶思维，而是指向立德树人，指向发展核心素养，指向培养全面发展的人，因此深度学习强调动心用情，强调育人的价值观。

2.教学方法与策略

（1）基于深度学习的教学方法和策略

深度学习为教育领域带来了新的教学方法和策略。其中，个性化教学是深度学习的重要应用之一，通过分析学生的学习数据和行为模式，实现对每个学生的个性化学习路径和内容推荐。另外，自主学习也是深度学习教学的重要理念，通过构建智能化的学习环境，激发学生的学习兴趣，培养其自主学习能力和解决问题的能力。

（2）教学案例分享和经验探讨

在教学方法和策略方面，分享有效的教学案例和经验是非常重要的。教师可以结合自己的教学实践，分享在深度学习教学中取得的成功经验和教训，探讨在课堂实践中如何运用深度学习方法提升教学效果。这种案例分享和经验探讨不仅可以为其他教师提供借鉴和启示，也可以促进教师共同成长。

3. 课程设计与评价

（1）符合深度学习理念的课程设计

在课程设计方面，教师需要结合深度学习的理念和方法，设计符合学生个性化学习需求的课程内容和教学活动。教师应该充分考虑学生的学习特点和兴趣，设计具有启发性和挑战性的教学任务和项目，激发学生的学习动力和兴趣。教师可以利用深度学习的技术和工具，构建丰富多样的教学资源和学习环境，为学生提供更加丰富和有效的学习体验。

（2）深度学习下的教学评价方法和工具

在教学评价方面，教师需要借助深度学习的方法和工具，更好地评估学生的学习成果和教学效果。例如，可以利用深度学习模型对学生的学习数据进行分析和挖掘，实现对学生学习状态和表现的实时监测和评估。同时，也可以结合传统的评价方法，如考试、作业等，综合评价学生的学习水平和能力发展情况。通过进行深度学习下的教学评价，可以更加全面和客观地了解学生的学习情况，为教学改进和优化提供参考和支持。

（三）培训形式

1. 教学工作坊

教学工作坊是教师培训中非常有效的一种形式。通过组织针对性的教学工作坊，可以让教师通过案例分析和实践活动深入了解深度学习的理念和方法，并在工作坊中分享经验和交流心得。

在教学工作坊中，教师可以通过实践活动，深入了解深度学习理念和方法的具体应用。教学工作坊可以设置不同的学习任务和实践活动,如设计深度学习课程、制作深度学习教学资源、开展深度学习教学实验等。通过这些实践活动,教师可以亲身体验深度学习教学的过程,加深对深度学习理念和方法的理解。

此外,教学工作坊还可以通过案例分析的方式,让教师深入了解深度学习在实际教学中的应用。组织教师分析和讨论真实的深度学习教学案例,探讨教学设计、教学方法、学生表现等方面的问题,从中总结经验和教训。通过案例分析,教师可以从实践中学习,借鉴他人的成功经验和教训,提升自己的教学水平。

在教学工作坊中,小组分享和交流是非常重要的环节。教师可以分成几个小组,共同完成工作坊的任务,并在小组中分享自己的经验和心得。通过小组分享和交流,教师可以相互学习,共同进步,促进教学经验和教学方法的交流和分享。

2. 研讨会

举办专题研讨会是教师培训中不可或缺的一环。通过邀请深度学习领域的专家和教育实践者分享最新研究成果和教学经验,为教师提供学术交流和思想碰撞的平台。

在研讨会上,专家和教育实践者可以分享自己在深度学习领域的最新研究成果和教学实践经验。他们可以介绍深度学习的前沿理论、最新技术和应用案例,为教师们提供更新、更深入的学术视野。同时,他们还可以分享自己在教学实践中的成功经验和教训,探讨如何有效地将深度学习理念和方法融入教学实践中,提高教师的教学效果和学生的学习成绩。

除了专家和教育实践者的分享,研讨会还提供了教师们进行学术交流和思想碰撞的平台。教师们可以就研究成果、教学经验和教学问题展开讨论和交流,分享彼此的见解和体会,共同探讨深度学习教育的发展方向和策略。通过与同行的交流和碰撞,教师们可以激发新的思路和创意,拓展教学思维,提高教学水平。

研讨会可以促进学术界和教育界的合作与交流。通过邀请深度学习领域的专家参与研讨会，可以建立起学术界与教育界的紧密联系，促进学术研究与教学实践的有机结合，推动深度学习教育的发展和创新。

3. 在线课程

提供在线课程资源是教师培训中的一项重要举措。通过在线课程，教师可以根据自己的时间和需求灵活学习深度学习相关知识和技能，借助网络平台进行学习和互动。

（1）在线课程资源为教师提供了便利的学习途径

教师可以通过电脑、平板或手机等设备随时随地访问在线课程，不受时间和地点的限制。这种灵活的学习方式能够有效解决教师因工作或其他原因无法参加传统面对面培训的问题，让更多的教师有机会接触和学习深度学习知识。

（2）在线课程资源具有丰富的内容和多样的形式

教师可以选择适合自己需求和兴趣的课程，包括深度学习理论、技术应用、教学案例等内容。在线课程通常以视频、文档、实践操作等形式呈现，能够满足不同教师的学习习惯和需求，提供多样化的学习体验。

（3）在线课程可以提供交互和互动的机会

通过在线课程平台，教师可以与讲师和其他学员进行实时交流和讨论，分享学习心得和经验，解决学习中的问题。这种交互和互动的学习模式有助于促进教师之间的交流和合作，提高学习效果和学习动力。

（4）在线课程资源的持续更新和优化

随着深度学习领域知识的不断发展和更新，在线课程平台会及时更新课程内容，确保与最新发展保持同步。教师可以通过在线课程及时了解深度学习领域的最新进展和趋势，不断提升自己的专业水平。

（四）培训教师

1.专业知识

（1）在深度学习的培训中，培训教师的专业知识是确保培训效果的关键因素之一。培训师应该具备深度学习领域的专业知识和丰富的教学经验，能够准确把握教师的需求，为其提供有效的指导和支持。

（2）培训师应具备丰富的教学经验和教学技能。他们需要了解教育教学理论和方法，能够运用有效的教学策略和方法指导教师进行教学实践。培训师应该具备良好的沟通能力和表达能力，能够与参训教师进行有效的互动和交流，促进教学经验和教学方法的分享和交流。

（3）培训师应具备敏锐的洞察力和分析能力。他们需要准确把握教师的需求和问题，针对性地提供解决方案和建议。培训师应该能够根据教师的实际情况和特点，量身定制培训方案，帮助他们解决教学中的难题，提升教学水平。

（4）培训师应具备持续学习和自我提升的意识。由于深度学习领域的知识和技术在不断发展和更新，培训师需要保持学习的状态，不断更新自己的知识和技能，与行业保持同步发展。只有不断的学习和进步，培训师才能更好地为教师提供有效的指导和支持，推动深度学习教育的不断发展和创新。

2.沟通能力

在深度学习培训中，培训教师的沟通能力是至关重要的。良好的沟通能力和教学技能可以帮助培训教师与参训教师进行积极互动和有效交流，从而激发他们的学习兴趣和参与热情。

（1）培训教师需要具备清晰而有效的表达能力

培训教师应该能够清晰地传达深度学习理念、方法和技术，使参训教师能够准确理解所学内容。通过清晰地表达，培训教师可以帮助参训教师树立正确的学习目标，提高学习效果。

（2）培训教师需要具备倾听和理解的能力

培训教师应该能够耐心地倾听参训教师的意见、问题和困惑，认真对待每一位教师的反馈和建议。通过倾听，培训教师可以更好地知道参训教师的需求和困难，针对性地提供解决方案。

（3）培训教师能够建立良好的互动氛围

培训教师应该能够与参训教师进行积极互动，鼓励他们分享自己的经验和观点，促进学员之间的交流和合作。通过建立良好的互动氛围，培训教师可以激发参训教师的学习兴趣和参与热情，增强他们的学习积极性。

（4）培训教师能够灵活运用多种沟通方式

除了面对面的交流外，培训教师还可以利用在线平台、电子邮件、电话等多种方式与参训教师进行沟通，以满足不同教师的学习需求。通过灵活的沟通方式，培训教师可以更好地与参训教师进行沟通和交流，增强培训效果。

3. 更新知识

在深度学习培训中，培训教师的知识更新是至关重要的。他们需要不断地保持学习的状态，及时了解深度学习领域的最新发展和研究成果，以保持培训内容的前沿性和实用性。

（1）培训教师密切关注深度学习领域的最新动态

深度学习作为一个快速发展的领域，每天都有大量的研究成果和技术涌现。培训教师需要定期阅读相关的学术期刊、会议论文和研究报告，了解最新的研究方向、方法和应用。通过及时了解最新动态，培训教师可以确保自己的知识储备与时俱进，为参训教师提供最新的教学内容和方法。

（2）培训教师积极参与学术交流和专业活动

参加学术会议、研讨会和讲座是培训教师获取最新知识的重要途径之一。在这些活动中，培训教师不仅可以听取专家学者的报告和演讲，还可以与同行进行深入交流和讨论，分享经验和见解。通过参与学术交流和专业活动，培训教师可以拓宽视野，深入了解深度学习领域的最新进展。

（3）培训教师可以利用网络资源获取知识和学习

互联网上有大量的开放式课程和教育资源，培训教师可以通过在线学习平台、社交媒体和专业论坛等渠道获取最新的深度学习知识。培训教师还可以加入相关的在线社群或专业组织，与同行分享学习资源和经验，共同探讨深度学习教育的最新发展趋势和教学实践。

（4）培训教师应该注重实践和反思

知识更新不仅仅是获取新知识，还包括对已有知识的不断巩固和深化。培训教师可以通过开展教学实践、撰写教学案例和分享教学经验，不断提升自己的教学能力和专业水平。同时，培训教师还应该定期反思教学实践，总结经验教训，发现问题并及时改进，对教学实践的持续改进和提高。

二、教师培养过程中的评价与反馈机制

在深度学习背景下教师培养过程中的评价与反馈机制是保证培训效果的关键环节。评价与反馈机制应该全面、及时地收集和反馈教师的学习情况和成果，以便及时发现问题并进行调整和改进。评价与反馈机制可以通过以下几个方面来实施：

（一）学员反馈

1. 定期组织对学员满意度进行调查

对学员进行满意度调查是深度学习教师培训过程中至关重要的一环。通过定期组织学员进行满意度调查，可以有效地收集学员对培训内容、形式和师资的反馈意见，从而及时了解学员的学习体验和需求，为调整和改进培训方案提供重要参考。

在满意度调查中，通常会包含多个方面的评价内容。其中，对课程内容的理解程度是一个重要的考察点。学员的理解程度直接关系到培训内容的质量和有效性，因此通过了解学员对课程内容的理解程度，可以发现课程设计的不足之处，从而进行针对性的调整和优化。

学员对培训教师的教学满意度也是一项关键的评价指标。优秀的师资力量是保证培训效果的关键因素之一，而学员对师资的认可程度能够直接反映出教学质量的高低。因此，通过学员的评价反馈，可以了解到学员对培训教师的认可度和满意度，为选拔和培养更优秀的师资力量提供参考。

学员对培训形式的反馈也是非常重要的。不同的学员可能有不同的学习习惯和偏好，对培训形式的满意程度直接关系到学员的学习效果和体验。因此，通过收集学员对培训形式的反馈意见，可以了解到哪些形式更受学员欢迎，哪些课程需要进行改进和调整，从而优化培训方式，提升学员的学习体验和效果。

2. 实时在线反馈机制

在深度学习培训过程中，建立实时在线反馈机制是至关重要的一环。除了定期的满意度调查外，实时在线反馈机制可以在课程进行过程中提供及时的沟通渠道，使学员能够随时提出问题、分享想法和提供建议，从而促进教学内容和方法的及时调整和优化，确保培训效果的最大化。

通过建立专门的在线平台或邮箱，学员可以方便地提交反馈意见。这样的实时反馈机制能够有效地弥补定期满意度调查的不足，因为它能够捕捉到学员在学习过程中突发的问题和疑惑及对教学内容和方法的实时评价。学员可以在课程进行中及时反馈自己的学习体验、理解情况、困惑和建议，使培训机构能够更及时地了解学员的需求和诉求。

培训机构在收到学员的反馈后，应及时进行回复和处理。针对学员提出的问题和建议，培训机构可以通过在线平台或邮箱进行回复和解答，或者将问题反馈给相关的教师和专业人员进行处理。对于学员提出的建议，培训机构应该认真考虑并加以采纳，适时调整和优化教学内容和方法，以满足学员的学习需求。

实时在线反馈机制的建立不仅有助于学员更好地参与到培训过程中来，提高了培训的互动性和参与度，也使培训机构能够更灵活地根据学员的实际需求进行教学调整和改进，最终实现培训效果的最大化。

（二）学习成果展示

1. 教学设计方案展示

在深度学习培训过程中，组织学员展示和分享深度学习教学设计方案是一项具有重要意义的活动。通过要求学员提交并展示自己设计的教学方案，可以有效地评估学员对深度学习理念和方法的理解程度，展现其学习成果和教学能力，进而促进学员之间的交流和学习。

学员的教学设计方案展示活动旨在让学员将所学的深度学习理论和方法应用到实际教学中，通过设计教学方案来解决特定的教学问题或挑战。在展示活动中，学员可以详细介绍自己设计的教学方案，包括教学目标、教学内容、教学方法和评价方式等，展现其对深度学习教学理念的理解和运用能力。同时，学员还可以分享自己在教学设计过程中的思考和经验与所遇到的困难和挑战，从而促进学员之间的互动和交流。

除了学员之间的交流和学习外，教学设计方案展示活动还可以邀请专业人员和教育领域的专家参与，对学员的教学设计方案进行评价和反馈。专业人员和专家可以从理论和实践的角度对学员的教学方案进行审视和指导，提出宝贵的意见和建议，帮助学员进一步完善和优化自己的教学设计。这种专业评价和反馈有助于提高学员的教学水平和教学质量，推动深度学习教育的发展和进步。

2. 课堂教学视频展示

在深度学习培训中，通过要求学员录制并展示自己的课堂教学视频，可以为学员提供一个直观展示其教学能力的机会，同时也为专业人员提供了评价和指导的渠道，从而促进教学效果的提升和教师专业能力的提高。

课堂教学视频展示是一种非常直观、生动的展示方式。通过观看学员的教学视频，观众可以深入了解学员在实际教学过程中的表现和教学方法的运用情况。视频中能够展现出学员的授课风格、语言表达能力、教学组织能力以及与学生互动的情况，为评价学员的教学能力提供了客观的依据。

通过邀请专业人员对学员的教学视频进行评价和反馈，可以为学员提供更加客观和专业的指导。专业人员可以从教学理论和实践经验的角度对学员的教学视频进行分析和评价，指出其中存在的问题和不足之处，并提出改进的建议和方法。这样的专业评价和反馈可以帮助学员更加全面地认识自己的教学优势和劣势，有针对性地进行教学能力的提升和改进。

课堂教学视频展示活动还可以为学员之间的交流和学习提供一个平台。学员可以相互观摩和借鉴彼此的教学经验和教学方法，共同探讨和交流教学中的难题和解决方案，从而促进教学经验的分享和教学能力的提升。

（三）教学观察

1. 定期教学观察

定期教学观察是深度学习培训中至关重要的一个环节。通过安排专业教研人员对学员的教学实践进行定期观察和评价，可以为学员提供全面、客观的反馈，帮助他们提升教学水平和专业素养。

在定期教学观察中，专业教研人员将实地观察学员的课堂教学过程。这种实地观察能够真实地反映学员在教学中的表现和教学策略的运用情况。观察人员会关注学员的教学组织能力、教学方法的灵活运用、与学生的互动情况、课堂氛围的营造等方面，以全面了解学员的教学情况。

基于对教学实践的实地观察，观察人员会针对性地给予学员反馈和建议。他们会指出学员在教学中存在的问题和不足之处，并提供具体的改进意见和建议。这些反馈和建议有助于学员认识到自己的教学强项和改进空间，促使他们进行反思和自我调整，提升自身的教学水平。

定期教学观察不仅有助于学员个体的成长，也为教师培训机构提供了重要的反馈信息。通过对学员教学实践的观察评价，教师培训机构可以及时发现和解决教学中的问题，调整和改进培训方案和教学内容，提升培训的实效性和针对性，从而更好地满足教师的专业发展需求。

2. 个性化指导与辅导

除了定期观察外，为了更好地促进学员的教学能力提升，个性化的指导和辅导服务是至关重要的一项补充措施。针对每位学员的教学实践情况和个人需求，提供专门的指导方案和培训计划，能够更好地满足其个性化的学习需求，从而有效提升其教学水平。

个性化的指导和辅导服务的核心在于与学员的深入交流和沟通。通过与学员面对面的交流，了解其教学实践中遇到的问题和困惑及对教学方法和策略的需求。这种深入交流和沟通能够帮助教师培训机构更准确地把握学员的需求，为其量身定制个性化的指导方案和培训计划。

个性化的指导方案和培训计划应该具有针对性和系统性。根据学员的实际情况和需求，确定具体的学习目标和培训内容，明确学习路径和时间安排，为学员提供系统的培训指导。同时，还可以结合学员的教学实践情况，提供具体的教学方法和策略，帮助其解决实际教学中遇到的问题，并提升教学效果。

个性化的指导和辅导服务的另一个重要方面是提供针对性的解决方案和改进建议。针对学员在教学实践中遇到的具体问题，提供具体的解决方案和改进建议，帮助其找到问题的根源，采取有效的措施加以解决。这种针对性的解决方案和改进建议能够帮助学员更加有效地应对教学挑战，提升其教学能力和应对复杂情境的能力。

第八章 基于深度学习的教学资源的开发与应用

第一节 深度学习背景下的智能化教学工具与系统的开发和应用

一、智能化教学工具的概念与分类

（一）智能化教学工具的概念

智能化教学工具是指利用人工智能、大数据等先进技术，为教学提供个性化、智能化的支持和服务的工具。其核心目的在于利用先进的技术手段，通过对学生学习行为、学习特点和学习需求的分析，为教学过程提供定制化的支持和服务，以实现更加高效和个性化的教学。这些工具通过采集、分析和处理大量的学生数据，能够为教师和学生提供智能化的学习建议、教学资源、学习路径规划等服务。

智能化教学工具的发展与人工智能和大数据技术的不断进步密切相关。借助于人工智能技术，智能化教学工具能够模拟人类的思维过程，实现对学生学习状态和需求的智能识别和分析。大数据技术则提供了支撑，使得这些工具能够分析和处理海量的学生数据，从而为教学提供更加精准和有效的支持。

智能化教学工具的应用范围十分广泛，涵盖了课堂教学、在线学习平台、个性化辅导等多个领域。在课堂教学中，智能化教学工具可以辅助教师进行教学活动的组织和管理，提供多媒体教学资源、实时反馈等功能，从而提高教学效果。在在线学习平台上，智能化教学工具能够根据学生的学习行为，为其推荐适合的学习资源和学习路径，实现个性化的学习支持。在个性化辅导方面，智能化教学工具可以根据学生的学习需求和能力水平，为其提供定制化的学习计划和教学内容，帮助其更好地提高学习效果。

（二）智能化教学工具的分类

根据功能和应用领域的不同，智能化教学工具可以分为以下几类：

1. 智能辅助教学工具

智能辅助教学工具是一类专门用于辅助教师进行教学活动的工具，其中包括智能白板、智能教学软件等。这些工具利用先进的技术手段，如人工智能、大数据等，为教师提供多种功能和服务，以提高教学效率和质量。

其中，智能白板是一种常见的智能辅助教学工具，它结合了传统白板和数字化技术，能够以触摸屏幕的方式呈现教学内容，并支持多种媒体格式的展示，如文字、图片、视频等。通过智能白板，教师可以实现课堂内容的生动展示和动态演示，使学生更加直观地理解和吸收知识。同时，智能白板还提供了实时反馈功能，教师可以根据学生的反馈情况及时调整教学内容和方法，以更好地满足学生的学习需求。

智能教学软件也是智能辅助教学工具的重要组成部分。这类软件通常具有丰富的教学资源库和功能模块，包括课件制作、教学管理、学生评价等。通过智能教学软件，教师可以轻松制作精美的课件，实现课堂内容的多样化呈现；同时，软件还支持教学资源的在线存储和共享，方便教师之间的交流和合作。此外，智能教学软件还能够根据学生的学习情况，提供个性化的学习建议，帮助教师更好地进行课堂管理。

2. 个性化学习平台

个性化学习平台是一种针对学生个体差异，提供个性化学习支持和服务的在线学习系统。这种平台利用先进的技术手段，如人工智能、大数据分析等，根据学生的学习行为和表现，为其量身定制学习资源和学习路径，以满足其不同的学习需求和兴趣。

智能化的在线学习平台通常包括多种功能和模块，其中最核心的是个性化推荐系统。这个系统能够通过分析学生的学习数据，如学习行为、答题情况、知识点掌握程度等，识别学生的学习特点和需求，并根据其个性化的需求，为其推荐适合的学习资源和学习内容。例如，对于学习数学的学生，平台可以根据其数学水平和兴趣推荐不同难度和类型的数学题目或课程内容，以帮助其更加高效地学习数学知识。

个性化学习平台还包括学习管理系统，用于跟踪学生的学习进度和表现。通过学习管理系统，教师和学生可以实时了解学生的学习情况，包括学习进度、学习成绩、学习行为等，以便及时调整教学策略和学习计划，提供针对性的学习辅导和支持。

个性化学习平台的出现为教育教学带来了革命性的变化。它不仅可以满足学生个性化的学习需求，提高学习效率和质量，还能够促进教育资源的优化和共享，实现教育教学的全面升级。

二、基于深度学习的智能化教学系统的开发流程

（一）需求分析

小学数学基于深度学习的智能化教学系统的开发首先需要进行全面的需求分析。这一阶段的主要任务是确定教学目标和学生需求，明确系统功能和特点，为后续的开发工作奠定基础。在需求分析阶段，需要考虑以下几个方面：

1.确定教学目标

首先要明确小学数学教学的目标是什么，比如是提高学生的数学基础能力，还是培养其数学思维能力等。根据课程标准和学校教学要求，明确系统所需达到的教学目标。

2.分析学生需求

不同年龄段和学习水平的小学生，他们的学习需求和特点是不同的。因此，需要对目标学生群体进行深入的调研和分析，了解他们的学习习惯、学习兴趣、学习能力等情况，以便为他们提供个性化的学习支持。

3.确定系统功能

根据教学目标和学生需求，确定系统需要提供的功能和特点。例如，系统是否需要提供个性化学习推荐、实时监测学生学习情况、自适应学习路径规划等功能。这些功能将直接影响系统的设计和开发方向。

4.用户交互设计

在需求分析阶段，还需要考虑系统的用户界面设计和用户交互方式。系统应该具有友好的界面设计和简洁明了的操作流程，以提高用户的使用体验和满意度。

充分的需求分析，可以确保系统开发的方向和目标明确，为后续的开发工作提供了有效的指导和支持。

（二）数据收集

基于深度学习的智能化教学系统的开发离不开大量的教学数据和学生信息。数据收集阶段的主要任务是收集教学数据和学生信息，构建系统所需的数据集，为模型的训练和优化提供支持。

1.收集教学数据

需要收集涵盖小学数学各个领域的教学资源，包括课件、教学视频、习题库等。这些教学资源将作为学生学习的基础数据，为系统提供丰富的学习内容和资源支持。

2.收集学生信息

需要收集学生的个人信息和学习数据，包括学生的学习历史数据、行为数据、学习兴趣等。这些信息将用于分析学生的学习特点和需求，为个性化学习提供支持。

3.清洗和处理数据

收集到的数据可能存在噪声和不完整性，需要进行数据清洗和处理，以确保数据的质量和可用性。同时，还要对数据合理地存储和管理，方便后续的模型训练和使用。

通过数据收集，可以获取到系统所需的教学资源和学生信息，为后续的模型设计和训练提供重要的数据基础。

（三）模型设计

基于深度学习的智能化教学系统的核心是深度学习模型的设计及实现。模型设计阶段的主要任务是根据需求和数据特点，设计合适的深度学习模型，以实现系统所需的功能和特点。

1.网络结构设计

需要根据系统的功能和任务，设计合适的深度学习网络结构。常用的网络结构包括卷积神经网络、循环神经网络和注意力机制网络等。根据不同的任务和数据特点，选择合适的网络结构进行设计。

2.算法选择

除了网络结构，还需要选择合适的深度学习算法进行模型设计。常用的算法包括前馈神经网络、递归神经网络、长短期记忆网络等。根据具体的任务和数据特点，选择适合的算法进行模型设计和优化。

3.模型参数设置

在模型设计阶段，还需要对模型的参数进行合理的设置和调整，以优化模型的性能和效果。通过调整模型的参数，提高模型的准确性和泛化能力，提高系统的整体性能和稳定性。

通过充分的模型设计，可以确保系统具备强大的学习能力和智能化的功能，为个性化学习提供了坚实的技术支持。

（四）模型训练

模型设计完成后，需要利用收集到的教学数据和学生信息，对设计好的深度学习模型进行训练和优化。模型训练阶段的主要任务是通过大量的数据样本，不断调整模型的参数和结构，提高模型的准确性和泛化能力。

1. 数据准备

将收集到的教学数据和学生信息进行预处理和准备，以适应模型训练的需求。包括数据清洗、数据标准化、特征提取等步骤，确保数据的质量和可用性。

2. 模型训练

在数据准备完成后，利用准备好的数据集对深度学习模型进行训练。通过将数据输入模型中，利用反向传播算法等优化方法，不断调整模型的参数，使模型能够更好地拟合数据并提高性能。训练过程中需要关注模型的收敛性情况、训练误差和验证误差的变化趋势，以及模型在测试集上的表现，及时调整训练策略和参数设置，确保模型的有效训练和优化。

3. 模型评估

在模型训练完成后，需要对模型进行评估，评估模型的性能和效果。可以利用交叉验证、验证集评估、混淆矩阵等方法，对模型进行全面的性能评估。评估指标包括准确率、召回率等，通过评估结果可以判断模型的泛化能力和稳定性，进一步优化模型的参数和结构。

通过模型训练，可以得到训练好的深度学习模型，为智能化教学系统的实现提供关键的技术支持。

（五）系统集成

在模型训练完成后，需要将训练好的深度学习模型集成到教学系统中，实现智能化功能。系统集成阶段的主要任务是将模型嵌入教学系统的相应模块中，实现系统功能的完整性和稳定性。

1. 模型部署

将训练好的深度学习模型部署到教学系统中，包括模型的加载、参数设置、接口调用等步骤。根据系统的架构和需求，将模型嵌入系统的相应模块中，确保模型能够正常运行和使用。

2. 功能整合

将模型嵌入到教学系统的相应模块后，需要进行功能整合和调试，确保系统的各个功能和模块能够正常协同工作。功能整合包括模型与数据的交互、用户界面的设计、系统性能的优化等方面。

3. 系统测试

在功能整合后，需要对系统进行全面的测试，包括功能测试、性能测试和用户体验测试等。通过测试可以发现系统中存在的问题和不足之处，并及时进行修复和优化，保证系统的稳定性和可用性。

通过系统集成，可以实现基于深度学习的智能化教学系统的完整功能和稳定运行，为学生提供更好的学习体验和教学支持。

（六）测试与评估

需要对系统进行测试和评估，验证系统的性能和效果，以确保系统能够满足教学需求并达到预期的效果。测试与评估阶段的主要任务是对系统进行全面的测试和评估，发现问题并及时修复，提高系统的稳定性和可用性。

1. 功能测试

对系统的各个功能进行测试，验证系统是否实现了预期的功能和特点，是否能够满足教学需求。包括个性化学习推荐、实时监测学生学习情况、自适应学习路径规划等功能。

2. 性能测试

测试系统的性能和效率，包括系统的响应速度、数据处理能力和并发用户数等方面。通过性能测试可以评估系统的稳定性和可靠性，为系统的优化提供参考。

3. 用户体验评估

用户体验评估是指对系统的用户界面和交互方式进行评估，考察用户对系统的满意度和使用体验。通过用户体验评估可以发现系统存在的问题和改进空间，提高系统的用户友好性和易用性。

通过测试与评估，可以全面了解系统的性能和效果，发现问题并及时优化，确保系统能够满足教学需求并达到预期的效果。

三、智能化教学工具与系统在小学数学教学中的应用效果

智能化教学工具和系统在小学数学教学中的应用效果对于学生、教师和整个教育系统都具有重要意义。

1. 个性化学习支持

智能化教学系统能够根据每个学生的学习水平、学习风格和学习习惯，为其提供个性化的学习支持。通过分析学生的学习数据和行为，系统可以识别学生的弱点和需求，推荐适合其水平的学习资源和学习路径。例如，针对理解困难的学生，系统可以推荐更简单易懂的解释性视频或图文资料；对于学习速度较快的学生，系统则可以推荐更深入、更有挑战性的学习内容，以满足其学习需求。

2. 实时监测和反馈

智能化教学系统能够实时监测学生的学习进度和学习表现，及时发现学习困难和问题。通过对学生学习数据的分析，系统可以提供个性化的学习反馈和建议，帮助学生及时调整学习策略，并解决学习中的问题。例如，系统可以发现学生在某一数学概念上出现了困惑，立即向学生提供相应的辅助材料或引导，以帮助学生理解和掌握该概念。

3. 智能化教学资源的推荐

智能化教学系统可以根据学生的学习习惯和偏好，为其推荐合适的学习资源，包括教材、练习题、视频等。这些推荐的学习资源能够充分满足

学生的学习需求，并且具有一定的挑战性，有助于激发学生的学习兴趣和积极性。例如，系统可以根据学生的学习兴趣和水平，推荐与其兴趣相符合、难度适宜的数学练习题，以提高学生的学习动力和效果。

4. 辅助教师教学

智能化教学工具能够为教师提供有效的辅助教学支持。通过实时监测学生的学习情况和表现，系统可以为教师提供相应的学生数据和分析报告，帮助教师更好地了解每个学生的学习情况和需求，调整教学策略和内容。此外，智能化教学系统还可以为教师提供丰富多样的教学资源和教学工具，如智能白板、教学软件等，以提高教学效率和教学质量。

第二节 深度学习背景下的效果评估与优化改进

一、教学资源应用效果的评估指标与方法

（一）学生学习成绩的提升情况

1. 学习成绩的量化评估

学习成绩的量化评估是评估基于深度学习背景下的小学数学教学资源应用效果的重要方法之一。通过比较学生在使用教学资源前后考试成绩的变化情况，可以客观地评估教学效果的提升程度。在进行量化评估时，可以采用多种指标来衡量学生学习成绩的变化，从而全面地评估教学资源的应用效果。

可以使用学生的平均分数来评估教学效果的提升。通过比较学生在使用教学资源前后的平均分数，可以直观地了解学生学习成绩的变化情况。如果学生的平均分数有明显的提升，则可以说明教学资源的应用对学生的学习效果产生了积极影响。

可以评估考试及测验的及格率和得分率。通过比较学生在使用教学资

源前后的考试及测验的及格率和得分率，可以进一步了解学生学习成绩的变化情况。如果学生的及格率和得分率有所提高，则说明教学资源的应用对学生的学习能力和成绩提升起到了积极的促进作用。

除了以上指标外，还可以根据具体情况采用其他量化评估指标，如学生的分数分布情况、成绩提升的幅度等。通过综合分析这些指标，可以全面地评估教学资源的应用效果，为进一步优化教学提供科学依据。

2. 学习成绩的差异分析

学习成绩的差异分析是评估基于深度学习的小学数学教学资源应用效果的重要方法之一。通过比较不同学生群体在教学资源应用前后的学习成绩差异，可以深入了解教学资源的个性化效果，从而为教学的差异化管理和个性化教学提供参考依据。

可以对比不同学习水平的学生在教学资源应用前后的学习成绩差异。将学生按照学习水平分为高、中、低三个水平组，分别分析他们在使用教学资源前后的学习成绩变化情况。如果发现在教学资源应用后，低水平学生的学习成绩提升幅度较高，说明教学资源在提升低水平学生学习成绩方面具有较好的效果，反之亦然。这可以帮助教师更有针对性地调整教学策略，满足不同学生群体的学习需求。

可以对比不同学习习惯的学生在教学资源应用前后的学习成绩差异。例如，有的学生喜欢通过多媒体学习，有的学生更喜欢通过阅读书籍学习，有的学生更倾向于参加实践性的活动学习。通过比较这些不同学习习惯的学生在使用教学资源前后的学习成绩变化情况，可以评估教学资源对不同学习习惯学生的适用性。如果发现在教学资源应用后，不同学习习惯的学生都能取得较好的成绩提升，说明教学资源具有较好的个性化效果。

通过对学习成绩的差异分析，可以深入了解教学资源在不同学生群体中的应用效果，为个性化教学和差异化管理提供科学依据。同时，也能够帮助教师更好地调整教学策略，满足不同学生群体的学习需求，提高教学质量。

3.学习成绩的长期跟踪

学习成绩的长期跟踪对于评估基于深度学习的小学数学教学资源的效果至关重要。除了短期内的成绩变化，长期跟踪能够帮助教育者更全面地了解学生在长期使用教学资源后学习成绩的变化趋势，从而评估教学资源的持续效果和稳定性。

长期跟踪学习成绩的变化趋势可以通过收集和分析学生的历史成绩数据来实现。教育者可以定期收集学生的考试成绩、测验成绩等数据，建立学生的学习成绩档案。随着时间的推移，教育者可以持续更新这些数据，形成学生的长期学习成绩数据集。教育者还可以利用这些长期学习成绩数据，通过统计分析和趋势分析等方法，观察学生的学习成绩变化趋势。通过比较不同时间点的学习成绩数据，可以发现学生的成绩是否呈现稳定提升、波动或下降的趋势，进而评估教学资源的持续效果和稳定性。

长期跟踪学习成绩的变化趋势不仅可以帮助教育者评估教学资源的效果，还可以为教学策略的调整和改进提供重要依据。通过分析学生在长期使用教学资源后的学习成绩变化，教育者可以发现教学资源的优势和劣势，及时调整教学策略，优化教学资源，进一步提高教学效果。

（二）学生的参与度和满意度

1.学生参与度的量化评估

学生参与度的量化评估是评估基于深度学习的小学数学教学资源应用效果的重要方法之一。通过收集和分析学生在教学资源上的活动数据，可以客观地评估学生对教学资源的参与程度，进而了解教学资源的使用情况和效果。

（1）学生的登录次数是评估学生参与度的重要指标之一

登录次数反映了学生使用教学资源的频率，越高的登录次数通常意味着学生参与度越高。通过统计学生在教学资源上的登录次数，可以了解学生对教学资源的使用频率，从而评估其参与度。

（2）学生的使用时长也是评估学生参与度的重要指标之一

使用时长反映了学生在教学资源上的停留时间和活跃程度，较长的使用时长通常表示学生对教学资源的参与程度较高。通过统计学生在教学资源上的使用时长，可以客观地评估其参与度，并对学生的学习行为进行分析和研究。

（3）学生完成作业的频率可以作为评估学生参与度的重要指标之一

完成作业的频率反映了学生对教学资源的实际应用情况，较高的完成作业频率通常意味着学生对教学资源的参与程度较高。通过统计学生完成作业的频率，可以了解学生对教学资源的实际使用情况，从而评估其参与度。

2. 学生满意度的定性评估

学生满意度的定性评估是评估小学数学教学资源效果的重要手段之一。通过问卷调查、学生反馈意见等方式，可以深入了解学生对教学资源的使用体验和满意度，从而更全面地评估教学资源的质量和效果。

问卷调查是一种常用的方法。通过设计问卷，向学生收集他们对教学资源的看法和感受。问卷可以包括对教学资源的易用性、实用性、兴趣性等方面的评价及对教学资源的改进建议。学生可以根据自己的实际体验和感受填写问卷，表达对教学资源的态度和看法。

学生反馈意见也是评估学生满意度的重要途径之一。教育者可以定期组织学生参与讨论会或座谈会，听取他们对教学资源的意见和建议。在这些讨论会或座谈会上，学生可以自由发表对教学资源的看法，提出改进建议，教育者可以倾听学生的声音，了解他们的需求和期望。

通过问卷调查和学生反馈意见的收集和整理，教育者可以获得丰富的定性数据，深入了解学生对教学资源的使用体验和满意度。这些定性数据可以帮助教育者发现教学资源存在的问题和不足之处，及时改进和优化教学资源，提高学生的满意度和学习效果。

3. 学生参与度与满意度的关联分析

学生参与度与满意度之间的关联分析是评估教学资源效果的重要内容

之一。通过深入探讨学生的参与度对满意度的影响，可以更好地了解学生对教学资源的接受程度和使用体验，从而为优化教学资源提供重要参考。

（1）学生的参与度与满意度之间存在着密切的关联关系。通常情况下，学生参与度越高，意味着他们更积极地参与到教学活动中，更频繁地使用教学资源，从而有更多的机会去体验和感受教学资源，这往往会带来更高的满意度。因此，一般来说，高参与度的学生往往会表现出更高的满意度。

（2）学生的满意度受到多方面因素的影响，而参与度只是其中之一。除了参与度外，教学资源的质量、内容的兴趣性、使用的便捷性等方面也会影响学生的满意度。因此，即使学生参与度高，但如果教学资源的质量不佳或内容不吸引人，学生的满意度也可能不高。

（3）通过分析学生参与度与满意度的关联关系，可以为提高学生满意度提供一些启示。例如，可以通过提高教学资源的互动性和趣味性来促进学生的参与度，从而提高他们的满意度。此外，定期收集学生反馈意见，根据学生的需求和建议及时调整和优化教学资源，也是提高学生满意度的有效途径。

（三）教师的教学质量

1. 教师教学效果的评估指标

通过教学观察、教师日志等方式，评估教师在使用教学资源时的教学效果和教学质量。可以考察教师的教学内容设计是否合理、教学方法是否得当、教学过程是否活跃等。

2. 教师反馈意见的收集和分析

积极收集教师对教学资源的反馈意见，了解教师对教学资源的认知和使用情况，以及对教学效果的评价和建议。教师的反馈意见可以作为改进教学资源和优化教学方法的重要依据。

3. 教师教学质量的改进策略

根据教师的反馈意见和教学观察结果，制定相应的改进策略，如提供教师培训和指导、优化教学资源的内容和功能、加强教师与学生之间的互动等，以提高教师的教学效果和教学质量。

二、教学资源应用效果评价的数据收集与分析

（一）收集学生的学习成绩

收集学生在使用教学资源前后的考试成绩和测验成绩数据，比较学生学习成绩的变化情况。可以通过学校的成绩管理系统或教师手动记录的方式获取这些数据。

获取学生的学习历史数据，包括以往的考试成绩、课堂表现等信息。这些数据可以用于与使用教学资源后的学习成绩进行对比分析，评估教学资源对学生学习成绩的影响。

（二）收集教师的教学反馈

1. 教学观察记录

教师可以通过观察学生在课堂上的学习情况和对教学资源的使用情况，来提供教学反馈意见。观察记录可以包括学生的参与度、学习态度、对教学资源的反应等内容。

2. 教学日志

教师可以记录每节课的教学过程和效果，包括使用的教学资源、学生的反应和表现等。通过分析教学日志，可以了解教师在教学中遇到的问题和挑战及对教学资源的评价和建议。

（三）收集学生的意见

1. 调查问卷

设计针对学生的调查问卷，了解他们对教学资源的使用体验和满意度。问卷可以包括对教学资源内容、功能、易用性等方面的评价及对教学效果的感受和建议。

2. 学生的反馈意见

除了调查问卷，还可以直接向学生征求他们对教学资源的反馈意见。可以通过小组讨论、个别采访等方式，听取学生的意见和建议，了解他们的真实感受和需求。

（四）数据分析

1. 学习成绩的变化分析

对比学生在使用教学资源前后的考试成绩和测验成绩数据，进行统计和分析，评估教学资源对学生成绩的影响程度。

2. 参与度和满意度分析

分析学生的参与度和满意度调查结果，了解学生对教学资源的使用情况和满意度水平，发现存在的问题和改进空间。

3. 教师教学质量的评估

结合教学观察记录和教学日志，评估教师在使用教学资源时的教学质量和效果，发现教学中的问题和优点，并提出改进建议。

三、教学资源应用效果的优化策略与实践

（一）调整教学资源内容

根据学生的学习成绩和反馈意见，对教学资源的内容进行调整和优化。例如，针对学生不容易理解的部分加强讲解，针对学生容易混淆的知识点增加案例分析或示例演练。

结合课程标准，对教学资源内容进行精选，确保内容的科学性、系统性和连贯性。同时，根据学生的学习特点和兴趣爱好，增加与日常生活联

系紧密的案例和实例，激发学生的学习兴趣和动力。

（二）改进教学方法

根据教学资源应用效果评估的结果，针对教师的教学方法和策略进行改进。例如，采用更加互动性和参与性的教学方式，如分组讨论、问题解决、案例分析等，激发学生的思维和创造力。

结合教学资源的特点，积极开展探究式学习和项目化学习，鼓励学生自主探索和实践，培养其解决问题的能力和创新能力。同时，注重差异化教学，根据学生的不同能力和学习风格，采用灵活多样的教学方法和策略。

（三）优化系统功能

根据教师和学生的反馈意见，优化教学资源的系统功能，提高用户体验和满意度。例如，优化教学资源的界面设计和操作流程，提高系统的易用性和友好性。

不断更新和完善教学资源的内容和功能，与时俱进，紧跟教育技术的发展和应用趋势。例如，结合人工智能和大数据技术，开发智能化的个性化学习推荐系统，为学生提供更加个性化、智能化的学习支持和服务。

（四）积极采纳反馈意见

积极收集并采纳教师和学生的反馈意见，建立健全的反馈机制和沟通渠道。例如，定期组织教师座谈会和学生代表会，听取他们对教学资源的使用体验和建议，及时调整和改进教学资源库系统功能。

加强教师和学生的培训和指导，提高他们对教学资源的认知和使用能力，促进教学资源的有效应用和推广。同时，鼓励教师和学生积极参与教学资源的开发和评估，共同推动教学资源的不断改进和提升。

第九章　基于深度学习的小学数学教学设计案例

第一节　"图形的平移"的教学设计

一、教学内容

《义务教育教科书 数学 五年级上册（青岛版）》第二单元"图案美"信息窗二。

二、教学目标

1. 在实际操作中激活学生的已有经验，感受平移运动的特点，体会方向和距离是描述平移运动的基本要素。

2. 在自主探究、合作交流的过程中学会用数来表达点的位置，能用字母表示平移运动前后点的位置的变化规律，发展学生的空间观念和推理意识。

3. 通过想象、操作、演示等活动提升学生的空间想象力，发展学生的空间观念。

三、教学重点

感受图形运动的本质是点的运动，能用数来表达点的位置。

四、教学难点

能用数表示平移运动点的位置的变化规律。

五、教学过程

1. 操作比较

（1）揭示课题

师：三年级时我们已经学习了有关平移的知识。谁能来举出生活中的物体平移现象的例子？

生1：学校门口伸缩门的开与关。

生2：推拉窗户。

今天这节课，我们就将在三年级知识的基础上，继续研究平移。

（2）操作感知

师：老师带来了一艘小船，会平移它吗？想象一下，如果是你，打算怎样平移？伸出手来比画比画。

请几名学生上台展示平移小船的过程。

师：都是平移吗？为什么？

生：是。它们都是沿着一条直线移动的。

师：有什么不一样的地方呢？

生1：方向不同。

生2：距离也不同。

师：正因为方向和距离不同，小船平移后的位置也不同。平移和方向、距离有着密切的联系。

【设计意图】三年级时，学生已经初步认识了物体的平移，对平移运动的过程和特点有了一定的感性认识。学生借助已有经验，在想象、操作、比较的过程中不断唤醒学生对平移潜在的认识，让模糊的粗浅的生活化的体验逐步明晰，最终提炼出平移的基本特点。在这一过程中，借助多次想象、模拟平移的实践活动，进一步揭示方向和距离这两个平移的基本要素，感受方向不同、距离不同，平移的结果也不同。

2. 合作探索

（1）初步认识平移的方向

师：方格图中的小船是怎样平移的？你能用一句话来说说吗？

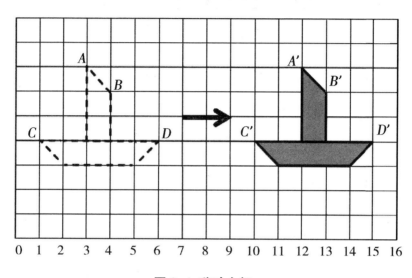

图 9-1 移动小船

生1：向右平移了4格。

生2：向右平移了9格。

生3：向右平移了10格。

师：老师发现大家都认为图中的小船是向右平移的，从哪儿看出来的？

生：小船平移走了，留下的是虚线的图，现在是实线图，所以是向右平移。

师：就像这位同学说的，通常虚线表示的是原来的小船，画上这样一个箭头，就能表示出它平移的方向。

（2）合作探究平移的距离，初步感知用数表示位置

师：小船向右平移了几格呢？请同学们以小组为单位拿出1号学习单共同开展研究。如果遇到困难，还可以借助小船模型移一移。

学生分组用不同方法开展研究。

师：通过刚才的研究，大家觉得图中的小船究竟向右平移了几格？

生：向右平移了9格。

方法一：移动小船模型，发现小船向右平移了9格。

方法二：通过数对应点移动的格数确定平移的距离。

师：数完了？为什么数到这儿（手指平移后船顶的点）？而不是这儿呢（手指平移后船尾的点）？

生：数完了。因为船顶的点平移后还是在船顶。

师：那船头上的点呢？船尾上的点呢？

生：平移后，船头上的点还在船头上，船尾上的点还在船尾上。

师：数点时，从船头数到船头，从船尾数到船尾。这是一个非常有价值的想法。

方法三：用数表示点的位置。

生1：我们发现船头上的点 D 的位置可以用数6表示，平移后的这个点 D' 的位置可以用数15表示，15-6=9，所以小船向右平移了9格。

生2：我们发现船尾上的点 C 的位置可以用数1表示，平移后的这个点 C' 的位置可以用数10表示，10-1=9，所以小船向右平移了9格。

师：他们用数分别表示出小船平移前后同一个点的位置，计算出小船向右平移了9格。

师：这种方法怎么样？

生：让人一看就很清楚，也很简便。

师：我们用不同的方法都得知小船向右平移了9格。

像这样在平移前后位置相互对应的两个点，我们称为对应点。数点的时候，我们一定要从一个点数到它的对应点为止。

现在回头想一想，为什么刚开始有同学说小船向右平移4格呢？

学生指着图解释平移的格数（原因：手指点 D 与点 C'，这两个点不是对应点）。

师：如果向右平移4格，小船会在哪里呢？大家想象一下。想出来了吗?

师:看来,要知道小船向右平移了几格,一定要找准对应点来观察,不能只看中间的这个间隔,对应真的是很重要。

(3)深入认知平移运动的本质

师:刚才同学们用数表示出一组对应点的位置,认为小船是向右平移了9格。这幅图中其他位置的对应点也都向右平移了9格吗?

生:是的。

师:请同学们任意找几组不同的对应点,用数分别表示出它们的位置,看看你能发现什么?

生1:如果点 A 的位置用数 3 来表示,小船平移后,它的位置点 A' 用12 表示,则点 A 向右平移了 9 格。

生2:如果点 B 的位置用数 4 来表示,小船平移后,它的位置点 B' 用13 表示,则点 B 向右平移了 9 格。

生3:如果点 C 的位置用数 1 来表示,小船平移后,它的位置点 C' 用10 表示,则点 C 向右平移了 9 格。

师:你们发现了什么规律?

生:小船整体向右平移 9 格,小船上各个点的位置也向右平移了 9 格。

师:这个发现非常有价值。正因为小船上所有点运动的方向和距离都一样,所以平移后的小船无论大小还是形状都是一样的。这也是平移最重要的一个特点。

师:如果在这条小船上有一个点 x,那它现在的位置应该怎样表示呢?

生:$x+9$。

师:还是这条小船,如果它向右平移了 10 格,怎样表示小船平移后点 x 的位置?

生:$x+10$。

师:如果向右平移 20 格呢? 向右平移 30 格呢? 向右平移了 a 格呢? 怎样表示小船平移后点 x 的位置?

生：$x+20$，$x+30$，$x+a$。

师：你们真是太棒了。我们不仅用数表示出了平移前后点的位置，而且还用含有字母的式子总结了其中的规律。你们可真了不起。

【设计意图】学生在小组活动中，通过观察思考、相互交流共同研究"小船图是怎样平移的"这一问题。借助小组研究的力量给予一定的学习支持，学生可以用不同的方法发现小船图平移的方向和距离，并用自己的语言进行表述。在此基础上，教师组织学生交流、讨论、评价，在不断的对话中学会用数学语言描述平移的过程，用合理的方法探索平移的方向和距离，感受对应思想，展开空间想象。在认识平移、描述平移的同时，空间观念也能得到适时的发展。

3. 尝试画图

师：同学们已经对平移有了比较清晰的认识。如果让你来平移下面的菱形，你打算怎么平移？想象一下，按照你的想法，菱形平移后的位置会在哪里？是什么样子的？

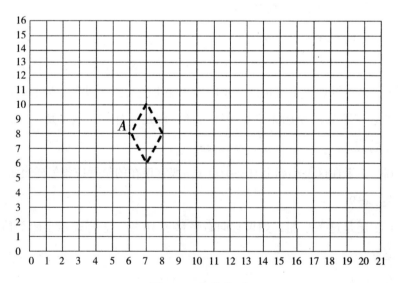

图 9-2 移动菱形

学生在 2 号学习本上用合适的工具画出平移后的菱形。

生1：向右平移8格，原来点A的位置用数6表示，那平移后这个点A'的位置用数14表示。

师：你们找到这个点平移后的对应的位置，然后照样子画出了新菱形。

生2：向上平移3格，原来点A的位置用数8表示，8+3=11，平移后这个点的位置用数11表示。菱形上另外3个顶点的位置也加上3，就是顶点平移后的位置，然后把它们连起来。

师：同学们都找到平移后点的位置。确定了平移后点的位置，也就确定了平移后图形的位置。

【设计意图】在这一环节中，依然放手让学生尝试、设计和讨论，将学习主动权还给学生。开放的研究空间会激发学生不同的思考、表达，呈现出不同的方法。而学生相互的评价、提醒会让学生对学习目标有更深入的体会和认识。学生在操作和画图的活动中进一步感受对应思想的价值。

4.回顾练习

（1）对比小结

师：同学们，今天这堂课，我们进一步研究了平移。其实，三年级时我们已经认识过平移，比较一下，和今天学习的有什么不同呢？

生1：三年级时我们主要认识的是生活中物体的平移现象，今天我们认识的是方格图上图形的平移。

生2：之前我们只是对平移有了一点儿感觉，今天我们知道了平移的方向和距离。

生3：我们知道了图形平移的时候，它上面的所有点平移的方向、距离和整个图形是一样的。

生4：我们用数表示出图形上点的位置，用含有字母的式子表示出了图形平移前后的位置变化的规律。

师：通过这堂课的学习同学们对图形的平移、图形的运动又有了更深刻的认识。

（2）基本练习

师：老师来考考你们，这里有 A、B 两个平行四边形，仔细观察，哪一个平移得远一些？

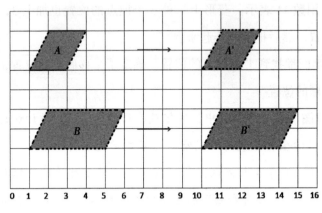

图 9-3 移动平行四边形

生 1：我觉得 A 平移得远一些。

生 2：我觉得 A 和 B 平移得一样远。

同桌的学生利用学习单开展研究。

方法一：数对应点的位置，确定平移的距离。

方法二：找共同的起点和终点。

师：现在还有同学认为是平行四边形 A 平移得远一些吗？能明白问题出在哪儿吗？

生：只看了图形 A 和 B 右边的空格，没有数清楚对应点究竟平移了几格。

师：是呀！我们观察平移的距离，一定要找准对应点的位置，不能被中间间隔的距离所迷惑。

【设计意图】通过比较两个大小不同、形状相似的图形谁平移的远一些的问题，让学生在猜想、验证、发现中再次体会平移中对应点的重要性。

同学们，今天这堂课咱们在一次次的观察、想象、操作、思考中更深刻地认识了平移。其实，关于平移运动，还有很多值得我们深入研究的内容。期待大家在今后的学习中有更多的发现和收获。

第二节 "体积和体积单位"的教学设计

一、教学内容

《义务教育教科书 数学 五年级下册（青岛版）》第七单元长方体和正方体信息窗三。

二、教学目标

1. 通过实例了解体积的意义，感受 1 立方厘米、1 立方分米、1 立方米的实际意义并建立表象。

2. 启发学生，通过回顾、提炼创立面积单位的方法，类推出创立体积单位的方法，初步体会类比方法的作用。

3. 体验获得成功的乐趣，建立学好数学的自信心，感知数学与日常生活的紧密联系。

三、教学重难点

引出体积单位，建立体积单位的表象，逐步理解体积的意义。

四、教学准备

1 立方厘米、1 立方分米、1 立方米的正方体，鞋盒，烧杯，沙子，石块，若干个正方体的塑料块、玻璃球，数个不同颜色的纸盒。

五、教学过程

（一）故事导入，生动有趣

师：同学们知道"乌鸦喝水"的故事吗？聪明的乌鸦是怎样喝到水的？

生：往瓶子里放入小石块，水面上升了，乌鸦就喝到了水。

师：你解释得真清楚，为什么水面会上升呢？

生：石块占据了杯子里的空间，所以水面上升了。

师：石块占据了原来水的部分空间，水被挤上来，所以水面就升高了。

师：同学们占空间吗？老师占空间吗？还有什么物体占有空间？能用一句话来总结吗？

生：任何物体都占有空间。

师：四个同样大小的烧杯（两个烧杯装满了沙子，两个烧杯是空的），老师把两块体积不同的石块分别放入两个空烧杯里，再把两个烧杯里的沙子分别倒进去。你们猜一猜装满沙子的烧杯会出现什么不同的情况？

生1：会有剩余。

生2：一个烧杯里剩余的沙子多，一个烧杯剩余的沙子少。

师：咱们试一试。为什么剩余的沙子不一样多呢？

生1：两块石块不一样大。

生2：两块石块占据的空间不一样大。

师：桌子和凳子谁占的空间大？我和同学王××谁占的空间大？

生：桌子占的空间大，老师占的空间大。

师：你又发现了什么？

生：大的物体占据的空间大，小的物体占据的空间小。

师：物体不仅占据空间，占据的空间还有大有小。我们就把物体所占空间的大小叫物体的体积。

【设计意图】从学生熟知的"乌鸦喝水"的故事引入，创设数学问题，激发学生思维，让学生初步感知空间概念。然后教师演示实验，学生直观感受到物体占据空间的大小不同，从而引出体积的概念。这一过程将抽象的数学知识具体化，学生在熟悉的情境和直观的感受中完成对体积概念的初步构建。

（二）操作探究，主动构建

1.引出体积单位

出示蓝色和红色的长方体的纸盒，体积差距明显。

师：两个长方体纸盒谁的体积大？

生：蓝色的纸盒体积大。

再出示蓝色和粉色的正方体的纸盒，体积差距明显。

师：两个正方体的纸盒谁的体积大？

生：粉色的纸盒体积大。

再出示蓝色的长方体纸盒和粉色的正方体纸盒。

师：两个纸盒谁的体积大？

生1：长方体的盒子体积大。

生2：正方体的盒子体积大。

生3：一样大。

生4：无法比较。

师：看来现在我们只凭感觉是无法判断出蓝色长方体纸盒和粉色正方体纸盒体积的大小？怎么办呢？

一片寂静，无人回答。

师：同学们好像遇到了一点困难，我们不妨先回顾一下原来所学过的类似的知识，看是否能让我们从中受到启发，得到灵感。

通过回顾比较面积大小的方法你们受到了哪些启示？有什么新的想法？分组回答。

组1：我们组的观点是在两个纸盒的表面铺满正方形，然后数数哪个铺得多，哪个的体积就大。

组2：我们想把正方体的小木块摆满两个纸盒，比一比哪个纸盒装得多，哪个体积就大。

组3：我们可以在两个盒子内装满沙子，看哪个纸盒装的沙子多，哪个的体积就大。

组4：我们组觉得在纸盒里面装入同样大小的玻璃球，然后数一数哪个纸盒装入的玻璃球多，哪个纸盒的体积就大。

师：同学们真是太棒了，想出了这么多的方法，通过借鉴比较面积的方法，想到选择一个合适的测量标准来比较出体积的大小。

【设计意图】两个纸盒谁的体积大？学生在比较过程中遇到困难，思维受阻，这时教师适时进行引导，回顾面积单位创立的经验和方法，通过类比，自主确定测量体积的单位，从而引出体积单位。本环节找准了知识的生长点，体现了数学知识间的内在联系，体现类比思想给学生思维带来的飞跃和智慧。

师：我们先来看组1（用正方形铺满纸盒表面）和组3（在纸盒内装满沙子）的方法，你们觉得这两种方法怎么样？

生1：我觉得组1用正方形作为测量标准的这种方法不行，因为用正方形铺满每个面比较的是面积的大小。

生2：我也觉得组1的这种方法不行，因为比较面积的大小用正方形作为测量的标准，但我们今天比较的是体积的大小。

师：看来用正方形作为测量标准的形状不合适。组3用沙子作为测量的标准，你们有什么问题想问他们？

生：我们感觉这种方法太麻烦了，因为装入沙子后，还要比较沙子的体积。

师：用正方体塑料块和玻璃球作为测量标准能比较出盒子的大小吗？想不想试一试？

小组自主探究。

师：比较出体积大小了吗？

生1：我们组是用正方体的塑料块测量的。正方体的纸盒里面装了8块，长方体的纸盒内装了9块，所以长方体的体积要大。

生2：我们组是用玻璃球测量的。正方体的纸盒里面一层能装9个，装了3层，一共是27个；长方体的纸盒一层装了16个，装了2层，一共是32个；所以长方体纸盒的体积要大。

师：用正方体的塑料块和玻璃球都能比较出纸盒体积的大小。

出示摆满塑料块的纸盒和摆满玻璃球的纸盒。

师：仔细观察，有什么发现？

生：用正方体的塑料块作为测量标准更合适，因为用玻璃球纸盒里面还有很多的空隙，测量得不够准确。

生：用正方体的塑料块作为测量标准可以在纸盒内密铺，测量要准确。

师：现在大家的意见统一了，测量标准的形状应该是什么？

生：正方体。

师：哪个小组一开始就想到了用正方体作为测量的标准。

生：小组2。

师：你们是怎样想到的？

生：通过回顾用正方形作为标准比较面积大小的方法想到的。

师：同学们来看，通过回顾比较面积大小的方法，我们类比推出测量体积要用正方体作为测量标准。运用这种方法帮助我们解决了所遇到的困惑。这是一种非常重要的数学方法，我们继续用这种方法来解决问题。

我们知道要用正方体作为测量标准的形状，我们就用正方体的体积作为计量体积的标准。这些标准叫作体积单位。

常用的面积单位有哪些？

生：平方厘米、平方分米、平方米。

师：大胆猜测一下常用的体积单位有哪些呢？

生：立方厘米、立方分米、立方米。

师：正如同学们所想的，常用的体积单位有立方厘米、立方分米、立方米。

【设计意图】让学生在具体的活动中感知，给学生充分交流讨论的时间，充分展示学生的思维过程。在比较辨析中形成共识，让学生亲身经历知识的形成过程，体现学生学习的自主性，帮助学生积累基本的数学活动经验。

2. 认识体积单位

师：我们知道了体积单位有立方厘米、立方分米、立方米，想不想认识它们？小组长拿出学具盒，每人拿一个感受一下。

闭上眼睛把它的大小记在心里。

谁能来比画一下 1 立方厘米的大小？

生：（用手指在空中比画。）

师：体积是 1 立方厘米的正方体，它棱长是多少？

生：1 厘米。

师：棱长是 1 厘米的正方体体积是 1 立方厘米。

生活中哪些物体的体积大约接近于 1 立方厘米？

生：一粒花生米，游戏棋中用的色子。

出示一个长方体小木块。

师：它的体积大约是多少？

生：大约 10 立方厘米。

师：请同学们在小组内用 1 立方厘米的正方体摆一摆。

师：这个木块的体积大约是多少？

生：5 立方厘米。

师：为什么？

生：木块由 5 个 1 立方厘米的小正方体摆成，所以体积就是 5 立方厘米。

出示一个长方体鞋盒。

师：用 1 立方厘米的正方体测量它的体积你们觉得怎样？用哪个体积单位比较合适？

生：立方分米。

师：你们的学具盒里就有，把它拿出来感受一下。闭上眼睛把它记住。

我们一块来比画一下它的大小。

生:（用手指在空中比画。）

师:体积是1立方分米的正方体棱长是多少?

生:1分米。

师:生活中哪些物体的体积大约是1立方分米?

生:粉笔盒。

师:你们准备怎么测量这个长方体鞋盒的体积?

生:把1立方分米的正方体放入鞋盒中,能放多少个,那这个鞋盒体积就是多少立方分米。

师:咱们来试一试?一共摆了多少个?

生:6个。

师:盒子的体积是多少?为什么?

生:6立方分米。因为鞋盒里含有6个1立方分米,所以它的体积是6立方分米。

师:非常棒!不过我们测量的是它的内部空间。鞋盒还有外壳,实际体积应该比6立方分米大一点。

认识了立方厘米和立方分米,我们再来看1立方米有多大。

这就是体积为1立方米的正方体,它的棱长是多少?

生:1米。

师:棱长是1米的正方体体积是1立方米。

师:你们觉得可以用它来测量什么样物体的体积?

生:教室、集装箱。

师:1立方米的水装在矿泉水瓶里大约能装多少瓶呢?

生1:100瓶。

生2:500瓶。

师:大约能装2000瓶。

生:哇!真多呀!

师:相信同学们对于1立方米的大小有了更深刻的认识。

【设计意图】学生对体积单位的认知不是空中楼阁，而是通过想象、比画、描述、举例、应用等环节，真正让学生经历体积单位表象的形成过程，使每一个体积单位都在学生心中留下深深的烙印。

（三）巩固新知，加深理解

师：刚才大家通过自己动脑思考和讨论交流，学习了许多关于体积和体积单位的知识，那么你们想不想检验一下自己学得是否扎实吗？

1. 下面的图形都是用棱长 1 厘米的小正方体摆成的，说一说它们的体积各是多少立方厘米。

图 9-4

2. 在括号里填上合适的单位名称。

（1）一块橡皮的体积约是 8 （　　）。

（2）菜园的面积是 8 （　　）。

（3）课桌的高约是 80 （　　）。

（4）一台录音机的体积约是 20 （　　）。

3. 用棱长 1cm 的小正方体摆成长 4cm，宽和高都是 2cm 的长方体，需要多少个小正方体？长方体的体积是多少？

【设计意图】有效的练习设计能够帮助学生巩固所学知识。通过不同形式的练习，培养学生灵活运用知识的能力，促进学生全面、主动的学习。

六、交流心得，反思提升

师：这节课你有哪些收获？

生：其实除了知识上的收获，我们在学习过程中还运用了类比的方法解决了遇到的一些困惑。这是一种非常重要的数学学习方法。关于体积的知识还有很多，让我们在以后的学习中继续去探究。

【设计意图】学习数学不仅要学习数学知识，更重要的是要学习数学思想和方法。这节课的最后，不仅与学生一起回顾了本节课的数学知识，还一起回顾了解决问题的思想与方法。课堂教学的目标不仅是数学知识，还是关注三维目标的有效达成。

第三节 "分数的初步认识"的教学设计

一、教学内容

《义务教育教科书 数学 三年级上册（青岛版）》六年制第八单元。

二、教学目标

1.结合具体情境，初步认识几分之几的分数，能读写分数；初步认识分数的意义，直观地认识一个物体中整体与部分之间的关系，用分数表示。

2.了解分数概念产生的历史，初步培养数学抽象概括能力，体会类推等数学思想方法。

3.在初步认识分数的同时，感受数学与生活的密切联系，培养数学学习的兴趣。

三、教学重难点

理解分数的意义"平均分几份中的1份或几份"。

四、教学过程

（一）情境导入，明确目标

师：同学们，今天老师给大家带来了几位老朋友，你们一定非常熟悉。瞧，这位来了。这是谁啊？

生：猪八戒。

师：对，这是猪八戒。他有什么坏习惯啊？

生：贪吃、懒……

师：对，我们一定不要学习他的这些坏习惯。这不，今天他和师傅两人一起去化缘。瞧，找到了这么多丰盛的食物。他们都找到了什么啊？桃子、苹果、饼。八戒迫不及待想要分了吃，准备先分苹果，有4个。这时候八戒说："我饭量最大，想要3个。"大家伙评评理，合理吗？

生：不合理。

师：为什么？

生：分得不一样多。

师：如果让你们分的话，你们怎么分啊？

生：每人分2个。

师：这样的话，两个人分的就怎么样了？

生：一样多。

师：这叫怎么分啊？

生：平均分。

板书：平均分。

师：公平，我们一定要学会，也就是把4个苹果平均分给两个人，每个人分2个。

师：如此公平的你们，接下来再帮他俩分一下梨吧。总共2个梨，怎么分？每人分几个？

生：2个梨，平均分，每人分1个。

师：分完梨，接下来还要分1张饼。1张饼，2个人，怎么分？

生：一人一半。

师：你觉得呢？同意一半的举手（随机提问 3 人）。

【设计意图】运用多媒体技术呈现"猪八戒和唐僧化缘"的情境，从"整数"这一基础知识过渡到认识"非整数"的目标。情境贴近学生的生活，易于激发学生的学习兴趣，利用情境中的学习素材可以清楚地揭示出分东西时有平均分和不平均分两种不同情况，方便学生从整体上理解数学知识，为后面学习平均分、分数打下基础。

（二）实施任务，构建新知识网络

1. 创造

师：老师今天带来了一张"饼"。我们用圆形纸片当作这张饼，大家思考一下：应该怎么分？

生：（上台展示。边分，边说一下分的过程）。

师：这是怎么分的？对折。对折后重合了，说明了什么情况？

生：两份一样大的。

师：也就是把它平均分，这一份是它的一半，那一份也是它的一半。你分得真公平。那一半奖励给你，这一半我们留给爱思考的同学。好，老师先把圆形纸片的一半涂上颜色，放在黑板上。

现在问题来了，数学总是和数打交道，2 个梨可以用 2 表示，1 张饼可以用 1 表示，那这个圆形纸片的一半，不够"1"了，还能用以前学过的整数表示吗？那你能创造出一个数或者用自己喜欢的方式表示出圆形纸片一半吗？

先在小组内讨论一下，有想法就赶紧写出来。

老师巡视……

师：同学们真厉害，在短短时间里就用好多方法表示出了圆形纸片的一半。我们来看看这位同学怎么表示的，说说你的想法。

生：把圆形纸片平均分成了 2 份，取其中的 1 份……

师：虽然你们表示的方式不一样，但你们的想法是一样的，都是想把纸片平均分成 2 份，取其中的 1 份，表示出来。

数学家也是这么想的。你们想知道数学家们是怎么表示圆形纸片的一半的吗？

生：想。

2. 分数及其意义

师：先画一条短横线表示平均分，短横线下面写 2，表示平均分成了 2 份，横线上面写 1，表示取了其中的 1 份，这个数读作"二分之一"。

你们看清写法了吗？我们一起写一下，先写横线，表示平均分，再写 2 表示平均分成 2 份，再写 1 表示取其中的 1 份。再来一遍，先写横线，再写 2，再写 1，就是 $\frac{1}{2}$。

我们再来说一下 $\frac{1}{2}$ 的意义吧。

生：把一张圆形纸片平均分成 2 份，其中的 1 份，是这张圆形纸片的二分之一。

师：我们认识 $\frac{1}{2}$ 后，大家看这个长方形纸片中，涂色部分这 1 份，该用哪个数表示呢？为什么？

生：因为长方形纸片，平均分成 2 份，其中的 1 份，就是长方形纸片的 $\frac{1}{2}$。

师：看来大家对 $\frac{1}{2}$ 已经不陌生了，现在请大家拿出老师给你们每个小组准备的学具（如长纸条、绳子、三角形纸片），你能找到这些学具的 $\frac{1}{2}$ 吗？

生：能。

师：好，大家抓紧动起来，把你们手中学习用具的 $\frac{1}{2}$ 表示出来，小组内交流一下怎么想的？

生：把长纸条平均分成 2 份，用黑笔把其中 1 份画出来，这 1 份就是长

纸条的 $\frac{1}{2}$,把长纸条贴在黑板上;绳子和三角形纸片同理。

【设计意图】让学生平均分各种学具,在"想一想、折一折、分一分"的活动中,让学生参与平均分的实践活动,为后面的学习做好铺垫。

师:同学们,我们一起回顾一下,我们分了圆形纸片、长方形纸片、绳子和三角形纸片,都得到了 $\frac{1}{2}$ 。其实,不管平均分什么,只要是把一个物体平均分成 2 份,取其中的 1 份就是它的 $\frac{1}{2}$,另 1 份也是它的 $\frac{1}{2}$ 。

【设计意图】以平均分为切入点认识分数,在前面学生对平均分有了充分感知的基础上,把一个圆片平均分成两份取其中的一份,强化学生对分数的认识,借助于几何图形,引导学生从直观感知逐步过渡到抽象思维,并进行数学符号化表达。在应用的过程中,进一步理解分数的意义,从而扎实地完成对分数的学习任务。

(三)用类推法学习几分之一

师:大家帮老师看一下这 4 张纸片,我涂 1 份,是不是也可以用 $\frac{1}{2}$ 表示?

生:不可以。

师:不可以。为什么呢?

生:因为平均分的份数不同。

师:那这 4 张纸片中的 1 份用哪个数来表示呢?

同学上台讲解。

生: $\frac{1}{4}$ 。把 1 张圆形纸片平均分成 4 份,取其中 1 份就是它的 $\frac{1}{4}$ 。

师:那这一份呢?(手指空白部分)那这个图形呢?

生: $\frac{1}{8}$ 。把 1 张圆形纸片平均分成 8 份,取其中的 1 份,就是它的 $\frac{1}{8}$ 。

师：现在，老师有个疑问："同样是 1 份，为什么有的用 $\frac{1}{4}$ 表示，有的用 $\frac{1}{8}$ 表示呢？"

生：因为它们平均分的份数不同。

师：对。其实啊，无论分什么，只要把一个物体平均分成几份，取其中的 1 份就表示几分之一。

【设计意图】引导学生从 $\frac{1}{2}$ 的意义类推到 $\frac{1}{4}$，$\frac{1}{8}$，感受类推数学思想的魅力。通过"同样是 1 份，为什么有的用 $\frac{1}{2}$ 表示，有的用 $\frac{1}{4}$ 表示，有的用 $\frac{1}{8}$ 表示"问题促使学生深度思考几分之一的本质。

师：大家再思考这样一个问题，一个物体只能平均分成 2 份、4 份吗？还可以分成其他份数吗？

生：可以。

师：我们一起看下大屏幕。这样的数有无数个，如果分的越多，每份的份数就越少。

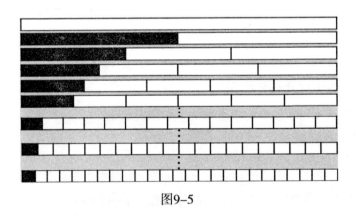

图9-5

【设计意图】借助多媒体手段，帮助学生想象一下：如果无限分下去，就会有无数个分数。发展学生的空间观念，渗透极限思想，渗透分数之间的大小关系。

（四）认识几分之几

师：我们刚刚研究的是把它平均分成 4 份，取了其中的 1 份，就是它的 $\frac{1}{4}$。如果取其中的 2 份，该用什么数来表示？

【设计意图】 在认识几分之一的基础上，提高学生的推理能力。对几分之几的理解，应该牢固地建立在分数单位几分之一的理解基础之上。

生：把一个物体平均分成 4 份，取其中的 2 份，就是 $\frac{2}{4}$。

师：取其中的 3 份呢？怎么想的？

生：$\frac{3}{4}$。把圆形纸片平均分成 4 份，取其中的 3 份就是 $\frac{3}{4}$。

师：也就是说，把一个物体平均分成 4 份后，取其中的几份就是四分之几。我们前面已经研究了几分之一，现在我们又研究了几分之几。你们太厉害了。

（五）学习分数各部分的名称

师：我们已经研究了这么多的数，瞧，我们多厉害。我们再观察一下，它们和我们之前学的整数一样吗？其实它们也有自己的名字，叫分数（平均分得到的数）。

以 $\frac{3}{4}$ 为例，分数由三部分组成，说一下各部分代表的意思。

生：4 表示总共分成 4 份，3 表示取了其中 3 份，中间的横线表示分数线，分割了分子和分母。

（六）生活中的分数

1. 说一下生活中的分数。

图 9-6

图 9-7

2. 下列图形中有分数吗？

图 9-8

图 9-9

师：图9-6，图9-7，图9-8，图9-9全部平均分吗？

生：不是。

师：为什么？

生：图9-9不是平均分的。

师：不平均分就得不到分数。那这样再分一次。现在是平均分了吗？

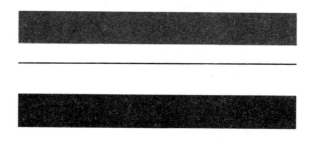

图 9-10

生：是。

（七）分数的由来

师：其实在很早之前分数就已经产生了，它经过了漫长的演变过程。

分数的演变过程

在古代，人们在分东西（如植物的果实）时经常出现结果不是整数的情况。于是，渐渐产生了分数。

在我国，很早就有了分数，最初用算筹表示，像 $\frac{2}{5}$ 就表示成 $\frac{\|}{\|\|\|\|\|}$。

后来，印度人发明了数字，用和我国相似的方法表示分数，如把 $\frac{1}{4}$ 表示成 $\frac{1}{4}$。再往后，阿拉伯人发明了分数线后，就把分数表示成现在 $\frac{2}{5}$ 这样的形式。

【设计意图】不仅介绍分数的由来，还渗透数学文化，以简洁的方式让学生再次体验分数演变的过程。这个过程与课堂中学生进行符号创造的过程很相似，从而让学生体验到学习创作的幸福感与成就感！

（八）练习

师：同学们，你们学习了这么多知识，能不能帮老师解决几个问题？

1.用分数表示每个图形中所圈部分。

（ ）／（ ）　　（ ）／（ ）　　（ ）／（ ）

2.用分数表示每个图形的涂色部分。

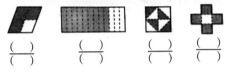

（ ）／（ ）　　（ ）／（ ）　　（ ）／（ ）　　（ ）／（ ）

3.用分数表示图形所代表的意思。

（1）王艺喝了1小杯▋果汁，喝了大杯▋的（ ）／（ ）。

（2）陈晨喝了3小杯▋果汁，喝了大杯▋的（ ）／（ ）。

【设计意图】针对本课的重难点，设置难易程度不同的练习题，及时巩固课堂知识，培养学习数学的兴趣，同时在应用分数的过程中对分数知识进行进一步巩固。

参考文献

[1] 中小学加强中国近代、现代史及国情教育的总体纲要（初稿摘要）[J]. 人民教育，1991（9）：8-24.

[2] 殷冬水. 论国家认同的四个维度 [J]. 南京社会科学，2016（5）：53-61.

[3] 中华人民共和国教育部. 义务教育数学课程标准（2022年版）[M]. 北京：北京师范大学出版社，2022：11-13.

[4] 佐斌. 论儿童国家认同感的形成 [J]. 教育研究与实验，2000（2）：33-37，72-73.

[5] 章乐. 儿童立场与传统文化教育——兼论小学道德与法治教材中的中华传统文化教育 [J]. 课程·教材·教法，2018（8）：21-26.

[6] 夏隆. 小学数学单元整体教学的实践与思考 [J]. 智力，2021（35）：25-27.

[7] 王燕. 立足单元整体教学优化小学数学课堂 [J]. 数学大世界（中旬），2021（12）：89-91.

[8] 王燕. 小学数学单元整体教学的对策探讨 [J]. 考试周刊，2021（97）：103-105.

[9] 张银莹. 小学数学单元整体教学的问题、解决途径与教学架构 [J]. 辽宁教育，2021（23）：54-57.

[10] 韩颖钦. 探究统整理念下的小学数学单元整体教学策略 [J]. 天天爱科学（教育前沿），2021（11）：183-184.

[11] 朱军. 浅谈小学数学课堂趣味性教学实施途径 [J]. 教育艺术，2021（09）：19-21.

[12] 郑丙江.小学数学中几何知识的探索步骤 [J].教育艺术，2021（09）：44-45.

[13] 赛丽.信息技术与小学数学教学的融合创新 [J].试题与研究，2022（31）：97-99.

[14] 谢凤珍.基于信息技术融合的数学教师专业素养提升策略 [J].教育艺术，2022（10）：35-36.

[15] 王晓峰.提高小学数学与信息技术课堂融合效率方法研究 [J].当代家庭教育，2022（18）：85-88.

[16] 姚桠婷.信息技术与小学数学课堂教学深度融合的策略探究 [J].中小学电教，2022（6）：18-20.

[17] 李成武.深度融合 启迪思维——信息技术与小学数学融合教学研究 [J].基础教育论坛，2022（28）：35-37.

[18] 杨修宝.线上线下教学如何有效衔接〔J〕.教书育人（高教论坛），2020（21）：11-13.

[19] 赵秀杰.线上线下教育相结合 促进学生全面发展〔J〕.黑河教育，2020（7）：32-36.

[20] 李昕.微课构建小学数学线上、线下结合教学的思考〔J〕.科学咨询，2020（21）：1-3.

[21] 史素娟，张一帆.线上线下相结合教学模式的应用研究〔J〕.中文信息，2019（4）：2-3.

[22] 董成."线上线下"相结合，优化小学数学作业模式〔J〕.课程教育研究，2019（21）：3-6.

附　录

附录一　关于课堂教学现状的调查问卷

亲爱的同学:

你们好! 本调查问卷旨在了解当前我校课堂的教学情况, 对我校中、高年级段学生进行问卷调查。每题只能选一个选项。

1. 老师的上课内容 (　　　) 吸引你。

A.全部　　　　　B.经常　　　　　C.偶尔　　　　　D.一点也不

2. 老师的课堂提问 (　　　) 在帮助你分析、复习、记忆所学知识点。

A.全部　　　　　B.基本都是　　　　　C.偶尔　　　　　D.一点也不

3. 你认为老师提出的教学目标能够引起你主动学习的愿望吗? (　　　)

A. 适合我的学习需要, 多数能引起我的学习愿望

B. 偶尔让我感到很期待接下来的学习

C. 不能吸引我继续学习下去

4. 在学习新知识前老师是否给你布置了相关联的学习准备任务? (　　　)

A. 是　　　　　B. 否

5. 你怎样看待老师的课堂提问?　　　　　　　　　　　　(　　　)

A. 一般都有明确已知的答案, 不能引起我的兴趣

B. 提问能引起我对所学知识进行批判性的反思

C. 提问有一定的难度, 但确实能引发我对知识的深入探索和发现

D. 提问基本都是在帮助我分析、记忆所学知识点

6. 每节课结束时, 老师是否对所学知识进行总结?　　　　(　　　)

A. 是　　　　　B. 否

7. 你对学习过程中的疑问一般通过哪种方式解决？ （　　）

A. 向任课的老师提问，在老师的帮助下解决问题

B. 与同学商量、讨论解决

C. 查阅书籍、上网等方式解决

D. 在课外辅导班上解决

8. 通过课堂教学你是否掌握了相应的学习方法？ （　　）

A. 了解、学习到了科学的学习策略和方法，并且能够熟练应用

B. 学到了一些学习策略和方法，但能够掌握和应用的不多

C. 能够在熟练应用所学方法的基础上自主探索出新的学习策略与方法

D. 课堂没有学到多少学习方法，仍沿用自己的方法

9. 老师通常会因为什么原因推迟下课？ （　　）

A. 教学内容没有完成，抓紧一切时间赶进度

B. 同学们的课堂提问没有解决

C. 维护课堂秩序

10. 你在回答课堂提问或讨论后是否能得到老师的反馈？ （　　）

A. 立即得到老师的口头反馈

B. 得到老师的课后指导

C. 很少得到反馈

11. 你认为老师使用多媒体课件的效果怎样？ （　　）

A. 大部分不错，课件的使用确实能帮助我对知识的理解

B. 个别的不错，但有的只是读课件，提不起兴趣

C. 多数没有意义，只是电子的板书

12. 你认为目前小学课堂教学的主要现状是 （　　）

A. 学生主动式接受学习

B. 学生被动式接受学习

13. 老师的教学策略是 （　　）

A. 学生自主探索　　　　　B. 老师讲解

尊敬的老师：

您好！本调查问卷旨在了解当前我校课堂的教学情况，对我校中、高年级段一线教师进行问卷调查。每题只能选一个选项。

1. 您在备课时花费时间最多的是在 （　　）

A. 研读课程标准和教材，寻找课外相关资料

B. 策划学生活动

C. 制作教学课件

D. 书写教学设计文稿（教案）

2. 备课时，您最经常考虑和反思的问题是 （　　）

A. 学生的兴趣和经验

B. 每节课的教学任务必须完成

C. 课堂活动的内容及形式设计

D. 落实新理念于教学中

3. 您认为现在急需改变自己的 （　　）

A.知识结构　　　B.教学观念　　　C.课堂教学模式　　D.以上都要

4. 您认为提高课堂教学质量的有效措施是 （　　）

A. 充分调动学生参与课堂活动的积极性

B. 增加单元检测的次数

C. 在教学中注重细节的研究

D. 提高驾驭课堂的能力

5. 您在备课时，有没有考虑通过创设问题情境的方式来激发学生的学习兴趣？ （　　）

A.全部考虑了　　B.部分考虑了　　　C.个别考虑了　　　D.没有考虑

6. 在教学中，您是如何处理教材的整体顺序和内容的？ （　　）

A. 完全按照教材进行教学

B.结合实际增加或删减教材内容

C. 变动教材顺序后进行教学

D. 利用教参、教辅充实教材内容

7.您在上课过程中，是否会以适当方式让学生明确这节课的教学目标（   ）

A.经常   B.偶尔   C.从不

8.每节课结束时您是否告诉学生下节课的学习内容并要求学生预习（   ）

A.一般不   B.偶尔   C.经常

9.您课前是否写教案？写教案的主要目的是   （   ）

A.写。为教学做准备   B.写。为应付检查

C.不写。没有太大作用   D.不写。因为不检查

10.您认为评价一堂课的好坏主要看   （   ）

A.教学目的是否符合课程标准要求和学生实际的程度

B.是否善于调节课堂气氛，教学中能否恰当选择实例讲解授课内容

C.能否有效调控教学过程和进行学习指导

D.能否创设学习情境，让学生主动参与

11.您是否有过准备不太充分就去上课的情况？   （   ）

A. 从未有过

B. 有过但很少

C. 教材熟悉后，不存在准备不充分的问题

12.您进入教室上课时的精神状态是   （   ）

A. 精力充沛，富有热情

B. 有时感觉没精神

C. 时常感到不愿走进教室

D. 走进教室前都会调整好自己的精神状态

13.您在课堂提问时经常采用哪种方式？   （   ）

A. 先让学生起立，再提问题让他回答

B. 先提出问题，留一定时间让学生思考后回答

C. 提出问题后立即点名让学生回答

D. 提出问题后，让学生分小组讨论后再让学生回答

附录二 学生学习的观察记录表

学生姓名：_____ 日期：_____

1. 学习态度

（1）积极主动，乐于学习　　　　　　　　□

（2）注意力集中，专心致志　　　　　　　□

（3）消极懈怠，缺乏学习动力　　　　　　□

（4）分散注意力，易受干扰　　　　　　　□

2. 参与程度

（1）经常积极参与课堂讨论和活动　　　　□

（2）有时参与，但需要老师引导　　　　　□

（3）不够主动，需要老师鼓励　　　　　　□

（4）缺乏参与意识，需要加强沟通　　　　□

3. 合作能力

（1）能够与同伴良好合作，共同完成任务　□

（2）有时倾向于个人行动，需加强团队意识　□

（3）不够愿意与他人合作，需要培养合作精神　□

（4）经常独立行动，不愿与他人合作　　　□

评价者：_____

附录三 学生口头表达的评价表

学生姓名：_____ 日期：_____

1. 演讲能力

（1）表达清晰，语言流畅 □

（2）语言准确，表达连贯 □

（3）需要提高语言表达能力，措辞不够精准 □

（4）表达欠缺，需要加强演讲训练 □

2. 讨论能力

（1）能够积极参与课堂讨论，提出有价值的见解 □

（2）有时参与讨论，但表达不够清晰 □

（3）不愿意参与讨论，需要鼓励 □

（4）缺乏参与意识，需要加强沟通能力 □

3. 解释能力

（1）能够清晰解释问题，逻辑性强 □

（2）解释较为模糊，逻辑关系不够明确 □

（3）需要加强解释能力，语言表达不够准确 □

（4）解释能力较差，需要加强训练 □

评价者：_____

附录四　学员满意度的调查问卷

尊敬的学员，感谢您参加我们深度学习的教师培训课程。为了不断改进我们的培训方案，我们诚挚地邀请您填写以下满意度调查问卷，请您根据实际情况如实填写。您的意见对我们非常重要。谢谢！

1. 您对培训课程的整体满意度如何？

（1）非常满意　　　□

（2）满意　　　　　□

（3）一般　　　　　□

（4）不满意　　　　□

（5）非常不满意　　□

2. 您对培训课程的内容理解程度如何？

（1）非常理解　　　□

（2）理解　　　　　□

（3）一般　　　　　□

（4）不理解　　　　□

（5）完全不理解　　□

3. 您对培训师的教学满意度如何？

（1）非常满意　　　□

（2）满意　　　　　□

（3）一般　　　　　□

（4）不满意　　　　□

（5）非常不满意　　□

4. 您对培训形式的满意度如何？

（1）非常满意　　　□

（2）满意　　　　　□

（3）一般　　　　　☐

（4）不满意　　　　☐

（5）非常不满意　　☐

5. 您觉得培训课程中哪些部分是您认为最有价值的？

_____

_____

6. 您认为培训课程中有哪些需要改进的地方？

_____

_____

7. 您还有其他意见或建议吗？

_____

_____

　　感谢您的配合与反馈！您的意见对我们至关重要。我们将认真考虑并不断改进培训方案，提高培训质量。